Verstehen mit Modellen

Johannes Meister, Ulrike Trier und Annette Upmeier zu Belzen

1 Originale und Modelle

Mit Modellen vereinfachen wir die Welt um uns herum. 4
Modelle begegnen uns im Alltag. 6
Biologische Originale sind vielfältig und komplex. 8
Biologische Originale sind oft nicht direkt zugänglich. 10
Modellobjekte sind Modelle für einen bestimmten Zweck. 12

2 Funktionen biologischer Modelle

Durch Denken werden biologische Originale mit Modellen verknüpft. 16
Unterschiedliche Modelle enthalten verschiedene Ideen. 18
Modelle werden anhand von Theorien konstruiert. 20
Modelle erschließen Originale auf vielfältige Weise. 22
Modelle werden nach ihrem Zweck bewertet. 24
Eine Modellierung erfolgt schrittweise und wiederholt. 26
Modellorganismen sind Modellobjekte für andere Organismen. 28

3 Wissenschaftliches Modellieren

Mit Modellen können wir Neues über ein Original erfahren. 32
In der Wissenschaft werden Modelle genutzt, um Originale zu erklären. 34
In der Forschung werden aus Denkmodellen Hypothesen abgeleitet. 36
Mit einer Modellierung werden in der Wissenschaft neue Erkenntnisse gewonnen. 38
Mit Modellierungen werden Hypothesen überprüft. 40
Modellobjekte werden durch Untersuchungen überprüft und verändert. 42
Wissenschaftliches Modellieren ist ein kreativer Vorgang. 44

Alles klar? 47
Glossar 48
Wie du mit diesem Buch arbeiten kannst. 50

Bildnachweise 51

Genuss-
mittel
Genuss-
mittel
Fette & Öle
Fette & Öle
Eiweiß
Eiweiß
Kohlenhydrate
Kohlenhydrate
Obst & Gemüse
Obst & Gemüse
Getränke
Getränke

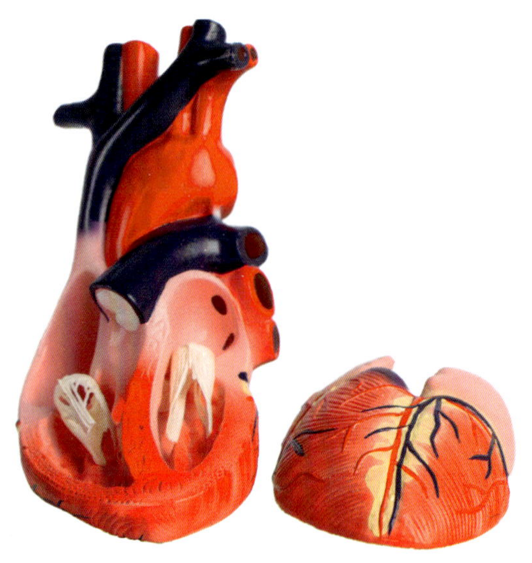

Originale und Modelle

1

Stimmen gute Modelle möglichst genau mit einem Original überein?

Helfen uns Modelle dabei, die Originale besser zu verstehen?

Können Modelle Originale richtig ersetzen?

Sind Modelle und Kopien von Originalen dasselbe?

Mit Modellen vereinfachen wir die Welt um uns herum.

1: Modelle verringern die Komplexität von biologischen Originalen.

Was macht die Welt um uns herum so komplex?

Du kennst das sicher: Du hast eine andere Meinung als deine Schwester oder du hast etwas anders in Erinnerung als sie. Es kommt zum Streit und eure Mutter sagt: „Tja, jeder Mensch sieht die Welt eben mit anderen Augen.“ Was will sie damit sagen? Einerseits sind wir alle sicher, dass das Gebäude unserer Schule eben unsere Schule ist, auch der benachbarte Wald ist für uns alle schon immer da. Und dennoch sehen wir anscheinend nicht immer dasselbe. Über die Anzahl der Bäume im Wald oder die Höhe des höchsten Baums könnten wir wahrscheinlich streiten. Dinge, die für eine betrachtende Person wichtig und markant sind, nimmt eine andere Person gar nicht wahr. Beim Lesen ist das auch so. Du und deine Schwester lest denselben Text. Wenn ihr später darüber sprecht, merkt ihr, dass jede und jeder von euch sich andere Dinge gemerkt hat und ihr verschiedene Dinge wichtig bzw. unwichtig fandet. Genauso ist das mit biologischen Originalen (➜ S. 9). So ein Original ist ein Blumenstrauß (Abb. 2): Jede Blüte hat eine andere Farbe, riecht anders, fühlt sich anders an. Du findest eine Blume schöner als die übrigen, andere finden den ganzen Strauß nicht schön.

Stell dir vor, du hast ein Vogelnest gefunden, in dem ein verlassenes Ei liegt. Du bist fasziniert von der Baukunst der Vögel, dein Freund ist traurig darüber, dass das Ei nicht bis zum Schlüpfen bebrütet wird, ein anderer Freund findet das Nest möglicherweise eklig, weil man Federn und Kotreste sieht.
Die Welt um uns herum ist also sehr vielfältig und komplex, wir nehmen sie mit allen Sinnen wahr und haben dabei auch Gedanken und Gefühle. Diese Wahrnehmungen, Erfahrungen, Gedanken und Gefühle sind individuell unterschiedlich. Das heißt, dass jede und jeder von uns in seiner eigenen Welt lebt. Und trotzdem klappt es, dass wir uns mit einer Freundin oder einem Freund zu einer bestimmten Zeit an der Bushaltestelle treffen, um gemeinsam den 14-Uhr-Bus zu nehmen.

2: Ein Blumenstrauß weckt unterschiedliche Reaktionen.

Helfen Modelle zu vereinfachen?

Stell dir vor: Ausgehend von dem gefundenen Vogelnest wollen wir nun darüber sprechen, wie Vögel ihre Nester bauen und wie dabei Stabilität entsteht. Unter Umständen fällt uns das leichter, wenn wir unsere Idee vom Aufbau sichtbar machen. Das können wir tun, indem wir beispielsweise ein Vogelnest selbst bauen. Wir haben dazu ein Modell vom Vogelnest im Kopf und erstellen zu diesem Denkmodell ein Modellobjekt. Das Modellobjekt zeigt diejenigen Aspekte des Vogelnests, die uns wichtig sind. Dabei können wir unser Modellobjekt beispielsweise mithilfe von kleinen Stöcken basteln, wir können es aber auch zeichnen oder nur mündlich beschreiben. Ein Modellobjekt kann also ein dreidimensionaler Gegenstand sein, es kann aber auch als eine Abbildung oder durch gesprochene Worte erstellt werden. Jedes Modellobjekt hebt das hervor, worum es uns geht, z. B. das Material, aus dem verschiedene Vogelarten ihre Nester bauen, wie Nester Stabilität erhalten oder welche Nestformen die verschiedenen Vogelarten bauen. Modelle helfen uns dabei, die Komplexität der uns umgebenen Welt zu reduzieren, also unsere Erfahrungswelt zu vereinfachen (Abb. 1, links), indem sie bestimmte Eigenschaften der Originale hervorheben und andere vernachlässigen. Die Modelle können wir der gedachten Modellwelt zuordnen (Abb. 1, oben rechts). Durch sie wird es leichter, sich über das Original zu unterhalten und sich darüber zu verständigen, welche Eigenschaften der Erfahrungswelt das Modellobjekt betont. Durch die Kommunikation mit Modellen gibt es dann weniger Missverständnisse: Die Kommunikation gelingt besser. (➜ S. 12)

Die Person in Abb. 1 betrachtet in der Erfahrungswelt eine Tulpe (Abb. 1, links). Sie möchte verstehen und sich merken, wie eine Tulpe aufgebaut ist. Dazu zählt sie die einzelnen Blütenbestandteile, die Kronblätter, die Staublätter und die zum Fruchtknoten verwachsenen Fruchtblätter, und ordnet sie im Kopf zu einem Schema (Blütendiagramm, Abb. 1, Modellwelt links). Dieses Schema ist auf die Eigenschaften der Tulpe reduziert, die die Person als wichtig betrachtet. Die Blütenbestandteile sind hervorgehoben, während z. B. die Blütenfarbe für das Modell und das, was die Person damit zeigen wollte, keine Rolle spielt. Der Zweck des Modellobjekts bestimmt also seine Eigenschaften.

WÖRTER UND BEGRIFFE 

Originale und Modelle

Biologen und Biologinnen befassen sich mit Phänomenen des Lebens. Dazu gehören Lebewesen und Naturräume wie Wälder, Seen oder auch Wiesen. Sowohl Lebewesen als auch Naturräume, in denen die Lebewesen leben, sowie Beziehungen zwischen Lebewesen mit ihren Naturräumen werden als biologische Originale bezeichnet. Biologische Originale sind vielfältig und haben unendlich viele Eigenschaften. Oft sind sie nicht unmittelbar zugänglich, zum Beispiel, weil sie zu klein oder zu groß sind oder sich im Inneren der Organismen befinden.

Neben dem direkten Umgang mit Originalen arbeiten Forschende auch mit Modellen, z. B. wenn ein Original nicht zur Verfügung steht. Dabei ist ein Original das Ausgangsobjekt für die Entwicklung eines Denkmodells und die Konstruktion eines Modellobjekts.

Denkmodelle und Modellobjekte beziehen sich also auf Ausgangsobjekte. Sie sind aber nicht bloße Kopien, sie heben vielmehr bestimmte Aspekte des biologischen Originals hervor. Man kann auch sagen, dass ein Modell Aspekte des Originals in den Vordergrund rückt, die durch Theorie gefiltert sind. Die Person, die das Modell entwickelt, wählt den theoretischen Fokus aus. Dieser Fokus wird durch den Zweck mitbestimmt, für den das Modell verwendet werden soll (➜ S. 12). In dieser Form haben Modelle eine stellvertretende Funktion: Sie werden zum Beschreiben von Strukturen oder zum Erläutern von Prozessen anstelle der Originale eingesetzt.

Modelle begegnen uns im Alltag.

Was fällt dir spontan ein, wenn du das Wort „Modell" hörst? Nimm dir einen Moment Zeit, um darüber nachzudenken.

Funktionen im Alltag

Modelle begegnen uns von Kindheit an auch in unserem alltäglichen Leben. Als Kinder setzen wir zum Beispiel Modellfahrzeuge aus Bausätzen zusammen (Abb. 1). Wir nutzen zweidimensionale Modelle wie Landkarten oder ein Liniennetz der öffentlichen Verkehrsmittel, um uns zu orientieren (Abb. 2). Oder wir folgen dem Wetterbericht im Fernsehen, in dem basierend auf Modellen das Wetter vorhergesagt wird (Abb. 3). Und in den Medien werden uns die neuesten Smartphone- oder Automodelle präsentiert, die als Vorbild für die Serienproduktion dienen.

Alltägliche Bedeutungen des Worts Modell

Wenn wir an Modelle denken, fallen vielen von uns zuerst die Modelle ein, die wir aus der Schule kennen: das Modell einer Zelle, einer Blüte oder ein Modell-Oberkörper des Menschen, den Torso (Abb. 4). Diese gegenständlichen Modelle sind wie die Originale, zu denen sie in Beziehung stehen, dreidimensional. Da uns beispielsweise in der Schule oft solche Modelle begegnen, verbinden wir wohl häufig solche dreidimensionalen Gegenstände mit dem Wort Modell.

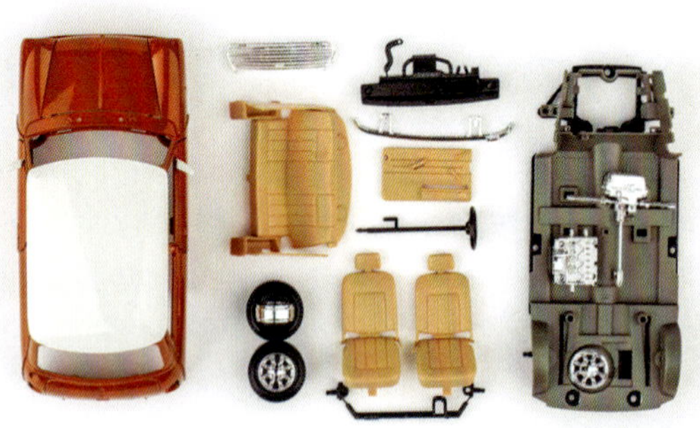

1: Modellbausatz für ein Modellauto

2: Das Liniennetz des Nahverkehrs ist ein zweidimensionales Modell.

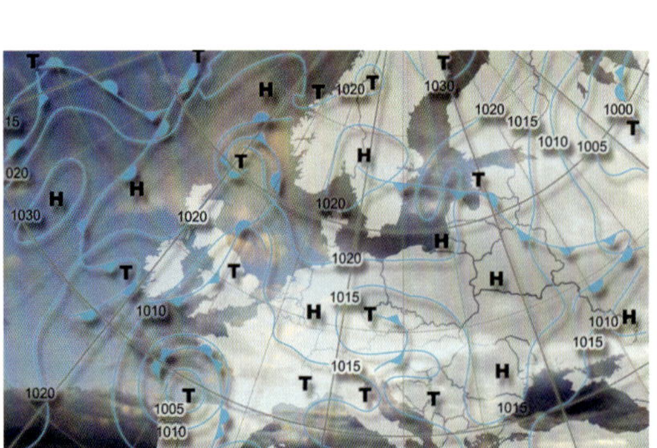

3: Die Wetterkarte ist ein Modell für das Wettergeschehen in einem Gebiet.

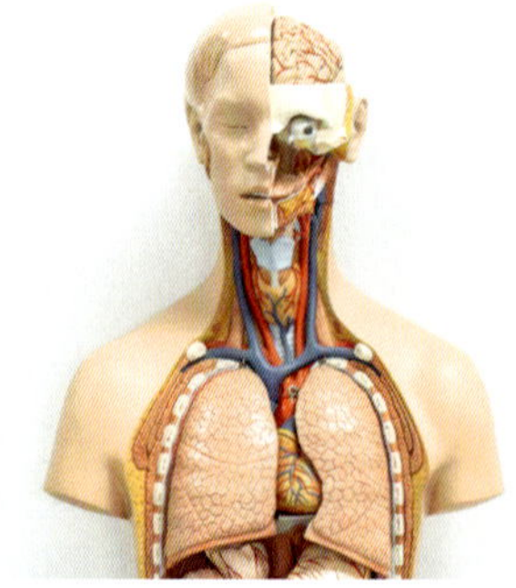

4: Der Torso ist ein Modell vom Oberkörper des Menschen und seinen Organen.

Auch das wird als Modell bezeichnet: Architekten und Architektinnen bauen ein Modell als Vorlage, um das zukünftige Bauwerk besser planen oder dem Auftraggebenden zeigen zu können (Abb. 5).
Du siehst, der Begriff Modell wird sehr häufig und mit verschiedenen Bedeutungen verwendet.

Wenn eine Lehrperson von Modellen spricht, meint sie etwas anderes als eine Person im Autoverkauf, und Forschende verbinden mit dem Begriff Modell wieder andere Dinge als Kunstschaffende. Wir benutzen das Wort Modell in ganz verschiedenen Zusammenhängen und denken meist nicht im Detail darüber nach, was wir mit diesem Wort meinen. Denn in dem jeweiligen Zusammenhang verstehen wir gut, was ein Modell ist und wozu es benutzt wird.

Geschichte des Modell-Begriffs

Um besser zu verstehen, was Modelle sind und wozu wir sie nutzen, lohnt sich auch ein Blick auf den Ursprung des Worts. Es hat eine sehr lange Geschichte. Ursprünglich wurde es in Anlehnung an das französische Substantiv *modèle* gebildet, welches aus dem lateinischen *modulus* hervorgegangen ist. *Modulus* ist die Verkleinerungsform von *modus*, was so viel wie Maß, Normalmaß oder Maßstab bedeutet, im übertragenen Sinne auch Art, Weise, Form oder Vorschrift. Ein Modell war ursprünglich eine Maßeinheit, die in der antiken Architektur Symmetrien beschrieb und auch zur Gestaltung von Bauwerken genutzt wurde. Neben der Architektur spielte dieses Maß auch in der Kunst sowie im Schiffs- und Städtebau eine Rolle. Schon früh war also der Begriff des Maßstabs mit dem Modell-Begriff verknüpft. Auch heute verbinden wir mit einem Modell häufig etwas, das einen anderen Maßstab hat als das Original, also vergrößert (z. B. Zellmodell) oder verkleinert (z. B. Modellauto) ist. Aber auch dass Modelle als Vorlage oder Beispiel für etwas dienen, ist im ursprünglichen Wortsinn mitgedacht. Modelle, die uns in Industrie (z. B. Prototyp eines Autos) und Architektur (z. B. Modell eines Bauwerks) begegnen, sind häufig Vorlagen oder Beispiele.

5: Das Modell eines Hauses ist dreidimensional.

WÖRTER UND BEGRIFFE

Denkmodelle und Modellobjekte

Du siehst, das Wort Modell wird sehr häufig und mit verschiedenen Bedeutungen verwendet. Das zeigt, dass es mehrere Begriffe bezeichnet. Um das Sprechen über Modelle etwas zu erleichtern, schlagen wir vor, zwischen den Ideen und Vorstellungen, die wir von etwas haben, und deren Darstellungen zu unterscheiden.
Wir sprechen also von unserem persönlichen Denkmodell, das auf verschiedene Weisen dargestellt werden kann. Diese Darstellungen (z. B. Zeichnung eines Vogelnests, Bau eines Vogelnests) nennen wir Modellobjekte. Ein Modellobjekt muss also nicht immer dreidimensional sein. Die Unterscheidung von Original und Modell hilft dabei, Erfahrungswelt und Modellwelt besser zu verstehen. Das Original ist Teil der Erfahrungswelt, während Denkmodelle zur Modellwelt gehört. Modellobjekte vermitteln gleichzeitig zwischen der Modell- und Erfahrungswelt.

AUFGABEN

1. **Überlege dir drei Gegenstände, die du aus deinem Alltag kennst und die du als Modellobjekte nutzen kannst. Beschreibe, wie jeder dieser drei Gegenstände als Modellobjekt für ein Original genutzt werden kann.**

2. **Beschreibe drei verschiedene Bedeutungen des Begriffs „Modell“ im Alltag.**

3. **Stell dir vor, was passieren würde, wenn wir keine Modelle verwenden könnten. Beschreibe, was das für das tägliche Leben bedeuten würde.**

Lösungen als Download 

Biologische Originale sind vielfältig und komplex.

1: Pusteblume

Kleine Kinder interessieren sich sehr früh für die lebendige Natur um sie herum. Sie entdecken einen Käfer, verfolgen interessiert eine Ameise oder pusten die „Schirmchen" eines Löwenzahnfruchtstands in die Luft (Abb. 1). Viele Kinder wachsen mit Tieren auf. Um lebendige Tiere zu beobachten, buddeln sie in der Erde und entdecken dabei Regenwürmer oder andere Bodenlebewesen. Viele Lebewesen können wir mit all unseren Sinnen wahrnehmen.

Lebende Organismen, vor allem Tiere, üben eine besondere Faszination auf uns aus. Manchmal finden wir Tiere besonders niedlich, wie junge Katzen, oder wir ekeln uns oder haben sogar Angst, etwa vor Spinnen oder Schlangen (vielleicht findest du diese Tiere aber auch interessant).

Wenn du schon einmal einen Regenwurm in der Hand gehalten hast, dann konntest du sehen, dass er violett-braun gefärbt ist und aus vielen Ringen besteht, die bei Bewegung dicker oder dünner werden. Du hast vielleicht auch seine kleinen kratzigen Borsten gefühlt und eventuell einen erdigen Geruch wahrgenommen. Möglicherweise hast du auch bemerkt, dass kein Regenwurm dem anderen genau gleicht. Und manchmal muss man sich vielleicht auch erst ein wenig überwinden, um den Regenwurm in die Hand zu nehmen.

Kennzeichen von biologischen Originalen

Biologische Originale bewegen sich, sie geben Laute von sich, sie pflanzen sich fort, sie wachsen und entwickeln sich, sie nehmen Nahrung auf und geben Stoffe an ihre Umwelt ab, sie reagieren auf Reize aus ihrer Umwelt. Lebewesen, wie Bakterien, Pilze, Pflanzen, Tiere und unter ihnen der Mensch, stehen in ständiger Wechselwirkung mit ihrer Umgebung. Dabei spielen sowohl äußere Bedingungen, wie z.B. Temperatur, Licht und Feuchtigkeit, sowie andere Lebewesen eine Rolle. Auf diese Weise bilden die Lebewesen gemeinsam Naturräume, die in Wechselwirkung mit anderen Naturräumen stehen. Aufgrund ihrer Lebendigkeit kann man an Originalen oft gut Strukturen (Körperbau des Regenwurms) und vor allem Prozesse (Fortbewegung des Regenwurms) beobachten. Lebewesen und Naturräume sind aber sehr komplex. Diese Komplexität muss bei Betrachtungen und Untersuchungen reduziert werden, um die biologischen Originale besser zu verstehen.

Systeme

Die Biologie ist die Wissenschaft von den lebenden Systemen. Das heißt, Biologen und Biologinnen betrachten die Natur systemisch, also als aus Systemen bestehend. Diese Systeme bilden

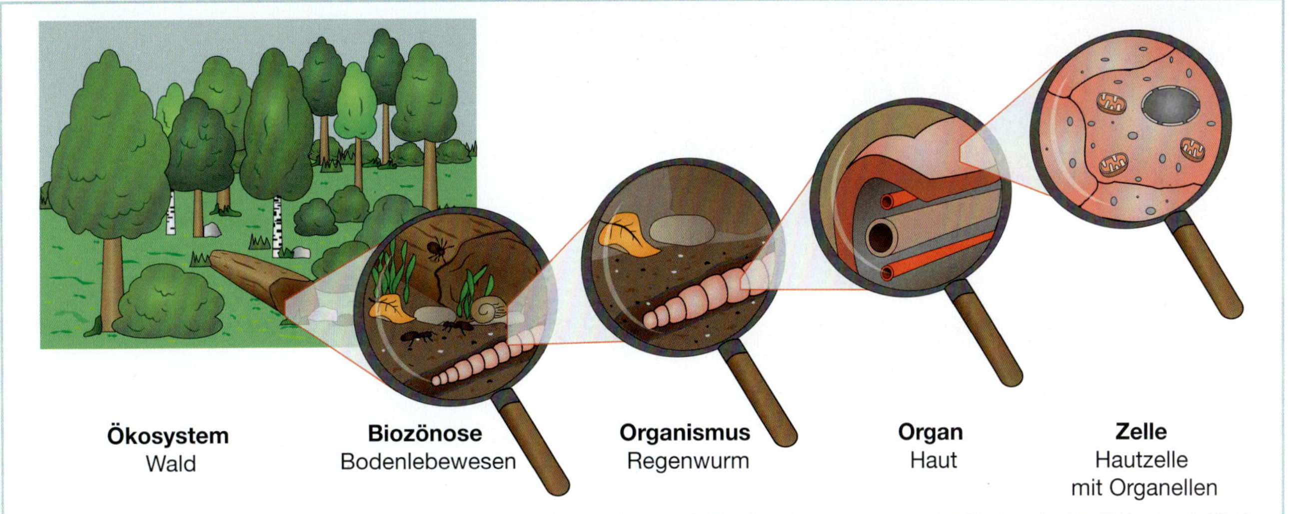

2: Jede Lupe in dieser Abbildung zeigt Systeme. Jede Systemebenen, auf die hier der Fokus gelegt wird, ist ein von Menschen gedachtes Konstrukt. Man könnte unter anderen Gesichtspunkten andere Bereiche unterscheiden. Die Systemebenen sind also Modelle. Die Abbildung ist ein gezeichnetes Modellobjekt.

Strukturen und *Funktionen* von biologischen Originalen ab. Zu lebenden Systemen gehören zum Beispiel die Zelle, der *Organismus*, das *Ökosystem* und die *Biosphäre*. Systeme und deren Unterteilung in Systemebenen (Abb. 2) sind von Menschen gedachte Konstrukte. Sie erleichtern als Modelle den Zugang zu biologischen Originalen. Die Komplexität von Systemen ist gegenüber dem Original vermindert: Die Abgrenzung eines Naturraums als Ökosystem kann unter bestimmten Gesichtspunkten zweckmäßig sein. Die Grenzen könnten aber unter anderen Gesichtspunkten und von einem anderen Betrachter anders gezogen werden. Denn welche Beziehungen innerhalb eines Systems erfasst werden, hängt auch vom Betrachter, d. h. von seinem Denkmodell, ab (→ S. 7). Ein System ist also ein Modell. In diesem Sinne ist ein Naturraum das biologische Original und die Beschreibung dieses Naturraums als „Ökosystem" ein Modell des Originals.

Die Systeme bestehen wiederum aus unterschiedlichen Systemebenen: Die Zelle besteht aus Zellorganellen, der Organismus aus Organen, das Ökosystem und die Biosphäre bestehen aus lebenden (biotischen) und nichtlebenden (abiotischen) Bestandteilen. Diese Elemente stehen miteinander in Wechselwirkung. Die theoretische Untergliederung der Systeme in Systemebenen ist ebenfalls modellhaft (siehe Abb. 2).

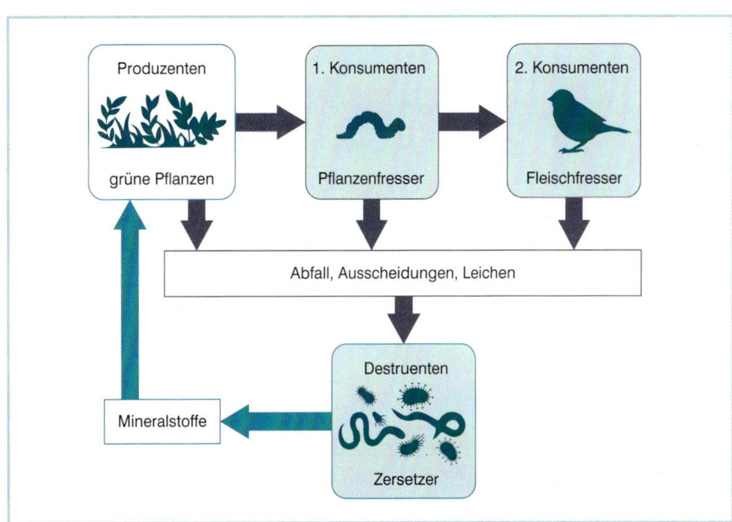

3: Stoffströme im Ökosystem zwischen Lebewesen und Stoffspeichern (schwarze Pfeile: Ströme der Biomasse, blaue Pfeile: Ströme der Mineralstoffe)

AUFGABEN

1. Schau dir das Modellobjekt zu Stoffströmen in einem Ökosystem an (Abb. 3). Kannst du mit diesem Modellobjekt erklären, dass plötzlich Konsumenten 2. Ordnung im Ökosystem, z. B. fleischfressende Vögel, fehlen? Erläutere dies.
2. Erläutere, ob ein Süßwasser-Aquarium als Modell für einen Teich verwendet werden kann. Gib an, welche Gesichtspunkte dafür, und welche dagegensprechen.

Lösungen als Download

Biologische Originale sind oft nicht direkt zugänglich.

1: Beobachtung mit dem Fernglas

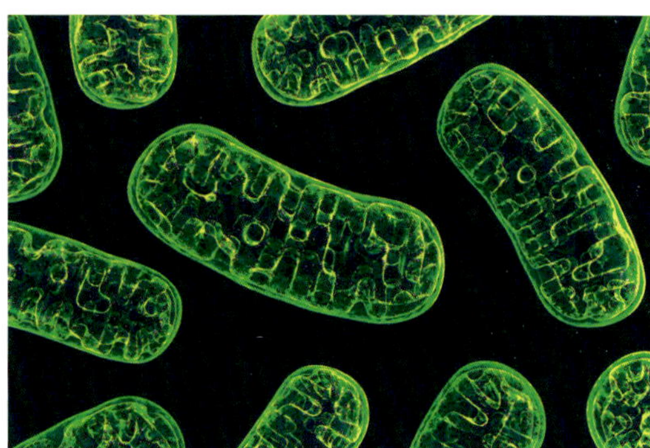

2: Beobachtung mit dem Mikroskop: Zellorganellen

Lebewesen bewegen sich, fliehen, wenn wir uns ihnen nähern, oder reagieren empfindlich auf Berührungen. Sie sind für Beobachtungen oder Untersuchungen also nicht immer zugänglich. Wenn man biologische Originale beobachten oder untersuchen möchte, kann man daher vor verschiedenen Herausforderungen stehen.

Herausforderung Zeit

Du kannst zu Hause auf den Bürgersteig, in den Park oder in den Wald gehen und findest sofort biologische Originale: Pilze, krautige Pflanzen, Sträucher, Bäume, Käfer, Ameisen, Vögel … . Vielleicht sind auch Katzen aus der Nachbarschaft gut zu beobachten. Im Winter hast du es schwer, Pflanzen oder Tiere zu beobachten. Viele Pflanzen sind dann blattlos und haben keine Blüten, sodass schon ihre Bestimmung schwerfällt. Die Insekten befinden sich in Kältestarre und haben sich zum Schutz vor der Kälte zurückgezogen. Viele Vogelarten sind Zugvögel, die in anderen Gebieten auf der Erde überwintern.

Vielleicht hast du auch schon einmal versucht, einen Vogel zu bestimmen. Aber er ist weit entfernt, um die Farbe seines Schnabels oder der Beine zu erkennen, also Merkmale, die für die Bestimmung meistens wichtig sind. Vielleicht ist der Vogel aber auch weggeflogen und du hast nicht genug Zeit gehabt, ihn richtig zu betrachten. Die biologischen Originale sind also nicht zu jeder Zeit zu beobachten, wenn du das möchtest, und vor allem kannst du sie häufig nicht gut beobachten.

3: Bestimmungsbuch

Die Herausforderungen Größe und Komplexität

Manchmal sind die Lebewesen auch zu klein, um sie mit dem bloßen Auge zu sehen. Du brauchst dann eine Lupe oder ein Mikroskop. Wenn du dir zum Beispiel Zellen anschauen möchtest, dann musst du erst ein Präparat anfertigen, welches du mit dem Mikroskop betrachten kannst (Abb. 2). Und manche Dinge, wie die Reaktionen bei der

Verdauung, die auf molekularer Ebene innerhalb der Zelle ablaufen, kannst du selbst mit dem Mikroskop nicht beobachten.

Naturräume wie ein Wald sind wiederum viel zu groß und die Wechselwirkungen in ihnen zu komplex, um sie sich in ihrer Gesamtheit anzuschauen oder die Zusammenhänge nachzuvollziehen (Abb. 5). So bestehen innerhalb eines Walds zahlreiche Nahrungsbeziehungen zwischen den Lebewesen, die man nicht auf einen Blick erfassen kann. Einige dieser Beziehungen sind zum Beispiel nicht direkt zu beobachten, da sie auf mikroskopischer Ebene passieren. Die Gesamtheit der Beziehungen hingegen kann nie komplett erfasst werden. Wir können uns immer nur auf Ausschnitte und ausgewählte Aspekte des Gesamtgefüges konzentrieren (→ S. 4).

Ethische Grenzen

Bestimmte Strukturen, wie der innere Aufbau eines Vogels oder der des Menschen, sind der direkten Beobachtung verborgen. In solchen Fällen sprechen ethische Gründe dagegen, dass du den Aufbau direkt studieren kannst. Am Menschen unterliegen Operationen und Sektionen strengen Gesetzmäßigkeiten und sind ausschließlich Medizinern oder Biomedizinern vorbehalten. So ist das Recht auf körperliche Unversehrtheit ein Grundrecht, welches auch im Grundgesetz verankert ist. Tiere dürfen für Lehr- und Forschungszwecke nur mit besonderen Genehmigungen gefangen und getötet werden.

4: Sezierte Maus

5: Beobachtung im Wald

Modellobjekte als Stellvertreter

Selbst wenn du ein Tier sezieren würdest, wärst du vermutlich überrascht, welches „Chaos“ im Inneren eines Tieres herrscht. Die Organe sind nicht so leicht zu erkennen, sondern es braucht Übung und Erfahrung, um sie im Inneren eines Lebewesens zu finden und zu benennen (Abb. 4). Es gibt also viele Situationen, in denen die Originale der Beobachtung oder Untersuchung nicht zugänglich sind. In diesen Fällen können Modellobjekte zum Beschreiben von Strukturen oder zum Erläutern von Prozessen eingesetzt werden (→ S. 12). Sie sind dann Stellvertreter des Originals und helfen bei der Kommunikation über ein biologisches Original.

AUFGABEN

1. Stell dir vor, du mikroskopierst eine Zwiebelhaut und fertigst eine Zeichnung einer Zelle im Zellverband an. Erläutere, ob diese Zeichnung ein Modellobjekt ist. Du kannst dich entscheiden: a) Erläutere, was das Modellhafte an der Zeichnung ist, b) begründe, inwiefern es für dich kein Modellobjekt ist.

2. Beschreibe, welche Vorteile und welche Nachteile die Nutzung eines Modellobjekts der Maus gegenüber der Präparation einer echten Maus hat (z. B. Abb. 4).

3. Stell dir vor, du gehst im Wald spazieren und entdeckst einen Ameisenhaufen. Du hast schon davon gehört, dass Ameisen „Staaten“ bilden und mit vielen Individuen zusammenleben. Du möchtest sehen, wie ein Ameisenhaufen aufgebaut ist. Zu Hause angekommen, suchst du im Internet nach Abbildungen von Ameisenhaufen und findest verschiedene Zeichnungen zum Aufbau. Erläutere, warum du deine Fragen mit Modellobjekten wie Zeichnungen besser lösen kannst als mit der Betrachtung des Ameisenhaufens.

Lösungen als Download 

Modellobjekte sind Modelle für einen bestimmten Zweck.

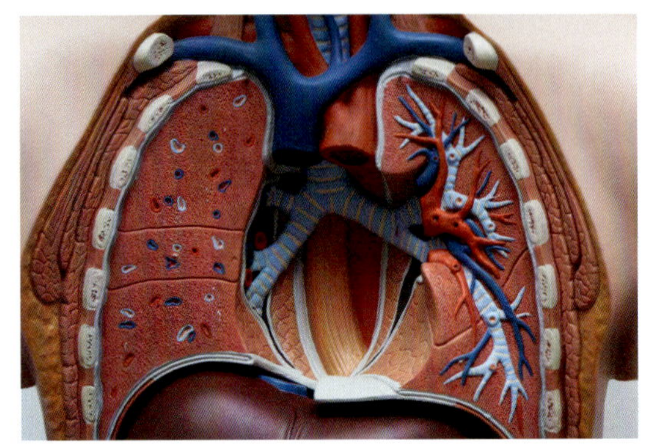

1: Modell der Lunge

Stell dir vor, jemand bittet dich zu beurteilen, ob ein Modellobjekt von einer Zelle ein gutes Modellobjekt ist. Vielleicht beachtest du im ersten Moment die Ähnlichkeit zwischen dem Modellobjekt und einer originalen Zelle, die du mit dem Mikroskop betrachten kannst. Dann prüfst du, ob das Modellobjekt dem Original wirklich ähnelt. Wenn du den Zweck des Modells bedenkst, wird aber schnell klar, dass man das Modellobjekt gar nicht ohne zusätzliche Informationen beurteilen kann. Es macht nämlich einen Unterschied, ob das Zellmodell dazu genutzt werden soll, den Bau der Zelle zu beschreiben, oder ob man damit Vorgänge des Stoffwechsels in der Zelle darstellen möchte.

Man muss also wissen, für welchen Zweck das Modellobjekt konstruiert ist oder wofür es eingesetzt werden soll. Es soll nicht nur die Ähnlichkeit betrachtet werden, sondern immer auch der Bezug auf den Zweck. Damit lässt sich sagen, ob das Modellobjekt geeignet ist oder eher nicht.

Beschreibung des Baus

Wenn du dir zum Beispiel den Bau einer menschlichen Lunge anschauen möchtest, dann ist ein Lungenmodell wie in Abbildung 1 ein geeignetes Modellobjekt: Denn es wurde mit dem Ziel erstellt, den Bau einer menschlichen Lunge vereinfacht darzustellen. Die Verästelungen der Atemwege in der Lunge und die zuführenden und abführenden Blutgefäße kann man gut erkennen.

Erläuterung der Funktion

Willst du beispielsweise einem Freund oder einer Freundin die Funktionsweise der Lunge erläutern, dann kannst du dazu die dondersche Glocke als Modellobjekt benutzen.

Mit diesem Modellobjekt soll gezeigt werden, wie der Prozess beim Ein- und Ausatmen ab-

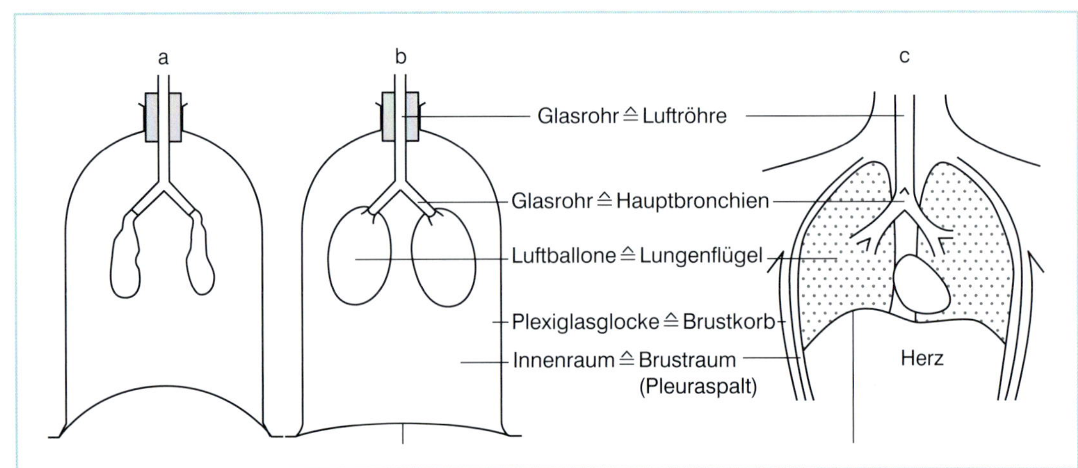

2: Die dondersche Glocke, ein Modell zur Funktion des Zwerchfells beim Atmen läuft. Dazu muss man zuerst alle Teile an der donderschen Glocke den entsprechenden Teilen im menschlichen Körper zuordnen (Abb. 2). Anschließend kann man durch Veränderungen an der Membran des Modells (entspricht dem Zwerchfell) zugehörige Veränderungen an den Ballons (entsprechen den Lungenflügeln) im Inneren der Glocke beobachten.

An Modellobjekten sind bestimmte Aspekte des biologischen Originals leichter erfahrbar als am Original selbst (→ S. 10). Dein Freund bzw. deine Freundin kann das Modellobjekt zum Beispiel auch selbst in die Hand nehmen und sein eigenes Ein- und Ausatmen mit den Bewegungen am Modellobjekt synchronisieren. Damit wird der Prozess der Atmung sehr anschaulich. Mithilfe von Modellobjekten lassen sich also auch Eigenschaften und Zusammenhänge des biologischen Originals erklären. Später wirst du sehen, dass man das Modell noch verbessern kann (→ S. 40).

WÖRTER UND BEGRIFFE

Ähnlichkeit von Modellen mit dem Original

Wenn man Menschen fragt, was für sie ein Modell ist, dann antworten einige, dass ein Modell etwas ist, das dem Original möglichst ähnlich sieht. Den Befragten zufolge können die Modellobjekte größer oder kleiner als das Original dargestellt sein. Aber sie sollen wie das Original aussehen, um ein gutes Modellobjekt zu sein. Diese Menschen verstehen Modelle als Kopien des Originals. Ein Spielzeugtier wäre ein solches Beispiel (Abb. 3). Und tatsächlich können Spielzeugtiere in einem bestimmten Zusammenhang Modelle sein, zum Beispiel wenn du deinem Freund oder deiner Freundin beschreiben möchtest, wie man sich einen Dinosaurier vorstellt. Die Annahme „Modelle sind Kopien" ist also zunächst nicht grundsätzlich falsch, vor allem dann, wenn wir das Aussehen von einem Original zeigen wollen. Der Modellbegriff geht aber weit darüber hinaus. Es gibt Modellobjekte, die dem Original äußerlich überhaupt nicht ähneln, z. B. Formeln oder Schemata, und trotzdem können wir sagen, dass es Modellobjekte sind. Nicht die äußerliche Ähnlichkeit entscheidet, ob etwas ein Modellobjekt ist. Vielmehr muss das Modellobjekt dem Original in dem Aspekt ähneln, den man mit dem Modell beschreiben, erklären oder voraussagen möchte.

Vorhersagen

Ein weiterer Zweck von Modellobjekten kann sein, Hypothesen über das biologische Original daraus abzuleiten und damit Vorhersagen über zukünftiges Verhalten des Originals zu treffen. Auf diesem Weg lassen sich mit Modellobjekten neue Erkenntnisse über das Original gewinnen. Man könnte zum Beispiel am Modellobjekt der donderschen Glocke Vermutungen darüber anstellen, wie sich ein Loch in der Membran oder im Korpus auf die Funktionsweise des Modellobjektes auswirkt. Basierend auf diesen Hypothesen können Aussagen darüber getroffen werden, wie sich eine Verletzung des Zwerchfells oder der Lungenflügel auf die Funktionsweise der Lunge auswirkt.

3: Spielzeugdinosaurier

AUFGABEN

1 **Erläutere einer befreundeten Person, was man unter dem Zweck eines Modells versteht.**

2 **Zu ein und demselben Organ können verschiedene Modellobjekte erstellt werden. Erläutere die Gründe.**

3 **Beschreibe, wie du das Modellobjekt eines Arms zum Beschreiben, Erläutern und Vorhersagen einsetzen kannst.**

4 **Auf Seite 3 sind einige Fragen zu Modell und Original aufgeführt. Versuche, diese Fragen so zu beantworten, dass eine Schülerin oder ein Schüler der 7. Klasse deine Antworten verstehen kann. Dieses Kapitel hilft dir dabei.**

Lösungen als Download 

Funktionen biologischer Modelle

2

Können Originale gleichzeitig Modelle sein?

Wie ähnlich sollte ein Modell dem Original sein?

Gibt es für ein Original immer nur ein gutes Modell?

Müssen Modelle geprüft werden?

Wie kann man mit Modellen forschen?

Welche Eigenschaften muss ein gutes Modell haben?

Durch Denken werden biologische Originale mit Modellen verknüpft.

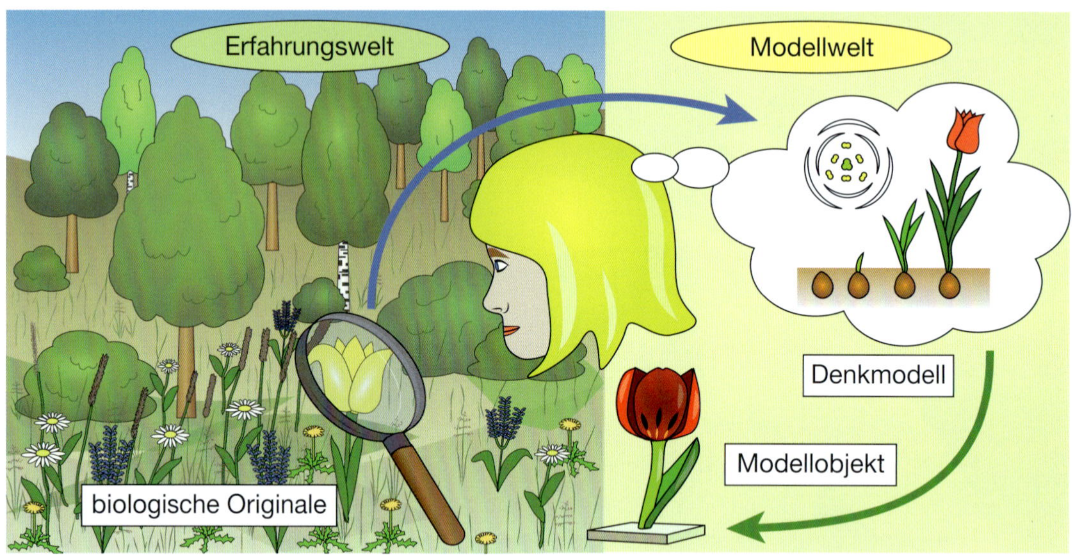

1: Biologische Originale und Modellobjekte sind durch Denkmodelle verbunden.

Viele Menschen meinen, dass Modelle, wie du sie aus dem Biologieunterricht der Schule kennst, Kopien von biologischen Originalen sind. Sie denken, dass es nur ein einziges richtiges oder gutes Modellobjekt zu jedem Original gibt, das man für immer verwenden kann. Die Funktion dieses Modellobjektes sehen sie alleinig in der Vereinfachung und der Veranschaulichung des entsprechenden Originals (➜ S. 12).
Aber die Vielfalt von Denkmodellen und Modellobjekten zu biologischen Originalen ist bedeutend größer, als viele Menschen denken (➜ S. 6). Zu einem Original kann es mehrere Denkmodelle geben. Zu den Denkmodellen wiederum kann es mehrere Modellobjekte geben. Die Modellobjekte können ganz unterschiedlich aussehen, weil sie verschiedene Ideen enthalten (➜ S. 20), nach Theorien konstruiert werden (➜ S. 22) und für bestimmte Zwecke gemacht wurden (➜ S. 24).
Außerdem können Denkmodelle und Modellobjekte meist auch viel mehr, als du vielleicht annimmst.

Wobei können uns Denkmodelle und Modellobjekte helfen?

Wir alle sind oft im wahrsten Sinne des Wortes in Gedanken, meistens entwickeln wir dabei Denkmodelle. Wir alle verfügen über eine unbegrenzte Modellwelt (Abb. 1). Demgegenüber leben wir in einer Erfahrungswelt, die unter anderem durch unsere Sinneswahrnehmung eingeschränkt ist. Wir alle machen außerdem ganz persönliche Erfahrungen in unserer alltäglichen Umgebung, aber beispielsweise auch im Urlaub in anderen Ländern und mit anderen Sprachen, Wetterverhältnissen und Jahreszeiten. Auch unsere Familie und Befreundete tragen zu unserer ganz persönlichen Erfahrungswelt bei. Neulich haben sich einige Personen nach einer Reise nach Paris über das Aussehen des Eiffelturms unterhalten. Sie waren sich nicht einig über die Anzahl und Anordnung der Plattformen. Erst nachdem jeder seine Erinnerung oder seine Idee zum Bau und zur Anordnung der Plattformen aufgezeichnet hatte, wurde ihnen klar, dass es drei Plattformen sind, zwei davon weiter unten und eine

2: Körperformen von Fischen; a) Forelle und Karpfen, b) Knetformen der beiden Fischkörper

ganz oben. Sie haben in dieser Situation durch die Zeichnungen (Modellobjekte) ihre Modellwelten (persönliche Denkmodelle) mit der Erfahrungswelt (Eiffelturm), die sie mit anderen teilen, verknüpft. Der konkrete Austausch über Modellobjekte hilft uns dabei, uns in der Erfahrungswelt zurechtzufinden. Das Denken in Modellen und der Umgang mit Modellobjekten sind eine zutiefst menschliche Fähigkeit und Tätigkeit. Modelle erschließen dabei Originale auf unterschiedliche Weise (➜ S. 22).

Denkmodelle und Modellobjekte helfen uns also in verschiedenen Bereichen unseres Lebens:

- in unserem Alltag: Zum Beispiel hilft das Bus- oder U-Bahn-Streckennetz dabei, von einem Ort zu einem anderen zu kommen.
- in der Schule: Im Biologieunterricht helfen beispielsweise Knetmodelle von Fischformen dabei, etwas über den Widerstand bei der Fortbewegung zu erfahren, wenn man die Modelle an einem Faden durch das Wasser zieht.
- in der Wissenschaft: Hier haben Modelle eine ganz besondere Bedeutung. In der Forschung helfen Computersimulationen beispielsweise dabei, die Anzahlen von Räubern und Beutetieren bei Nahrungsknappheit in einem Lebensraum vorherzusagen.

Die Erfahrungswelt hat also Entsprechungen mit einer Modellwelt. Denkmodelle beziehen sich je nach Zweck auf unterschiedliche Ausschnitte der Erfahrungswelt (➜ S. 13). Mit einem Denkmodell kann ein Modellobjekt konstruiert werden, mit dem sich dann Fragen aus der Erfahrungswelt untersuchen lassen (Abb. 1).

Wie können wir in der Schule mit Modellen forschen?

Beobachtet man zum Beispiel in einem Zoo-Aquarium Fische, kommt folgende Frage auf: Inwiefern beeinflusst die Form eines Fisches (Abb. 2 a) die Geschwindigkeit seiner Fortbewegung im Wasser? Man kann dicke runde und lange schmale Fischformen aus Knete modellieren (Abb. 2 b) und sie durch das Wasser ziehen: Einige Formen gleiten leichter durch das Wasser als andere. Ausgehend von dieser Beobachtung und dem, was wir schon über die Fortbewegung von Fischen gelernt haben, nehmen wir an, dass Fische mit einer stromlinienförmigen Körperform schneller schwimmen als Fische mit runden Formen. Diese Voraussage oder Hypothese sind aus einem Denkmodell abgeleitet. Die Überprüfung der Hypothese erfolgt mit Modellobjekten zu verschiedenen Körperformen von Fischen aus Knete. Mit diesem Vorgehen wird deutlich, inwiefern die Modellobjekte funktionieren und sie ihren Zweck erfüllen. Tun sie das nicht, wird man sie ändern. Die zugrunde liegende Hypothese sich aber auch als falsch erwiesen haben, was zu Änderungen des Denkmodells und des Modellobjekts führt. Die Modellentwicklung muss dann mehrfach wiederholt werden (➜ S. 26).

Unterschiedliche Modelle enthalten verschiedene Ideen.

1: Eine Mauer kann als Modellobjekt dienen.

Stell dir vor, du läufst an einer schönen alten Steinmauer vorbei. Dabei fällt dir auf, dass man die Mauer als Modellobjekt für das Aussehen von Geweben auffassen kann (Abb. 1). An einem anderen Tag wirst du vielleicht die kleinen Pflanzen in den Fugen der Mauer bestaunen und in der Mauer kein Modellobjekt sehen. Du freust dich einfach über den schönen Anblick der alten Mauer mit den kleinen Steingewächsen. Deine Aufmerksamkeit hat sich von Tag zu Tag verändert. Das kann man mit dem Ausleuchten des Gegenstands mit dem Lichtkegel einer Taschenlampe vergleichen: Man entscheidet darüber, ob und wie man seine Taschenlampe auf einen Gegenstand richtet und ihn damit für einen Zweck und eine Zeit als Modellobjekt auffasst oder eben nicht (Abb. 2). Das Beispiel zeigt, dass Modellierende im Prinzip jeden Gegenstand für einen bestimmten Zweck und eine bestimmte Zeit als Modellobjekt auffassen und nutzen können.

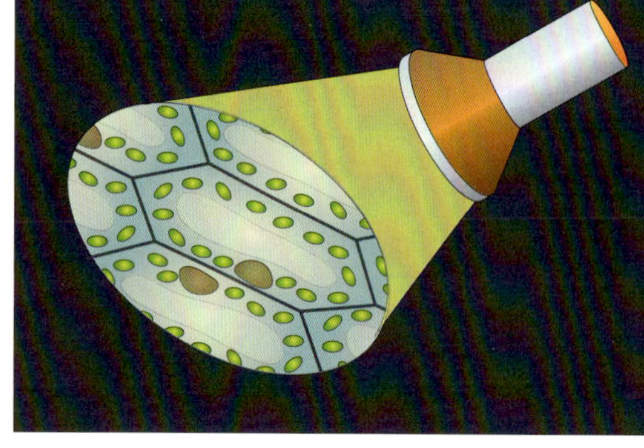

2: Mit dem Modellieren richtet man die Aufmerksamkeit wie mit einer Taschenlampe auf bestimmte Aspekte des Originals.

Verschiedene Denkmodelle

Stell dir vor, zwei Schülerinnen schauen auf dasselbe biologische Original (die Pflanzenzelle) bzw. auf denselben biologischen Prozess (die Zellteilung oder das Zellwachstum). Sie wollen sich darüber unterhalten, welchen Aufbau eine Pflanzenzelle hat oder wie die Prozesse Zellteilung und Zellwachstum ablaufen.

Als Erstes werden beide über das Original bzw. den Prozess nachdenken, man kann auch sagen, dass sie gedanklich modellieren. Dabei beziehen sie ihr Wissen ein, das sie bereits zum Thema haben. Eine der Schülerinnen stellt sich eine Zelle vor, die so groß ist wie eine große Kastanie (Abb. 4). Nach der Teilung dieser Zelle wird es also zwei Zellen geben, die halb so groß sind wie die große Kastanie, die sie sich vorstellt. Sie kann sich also zwei kleine Kastanien vorstellen. Durch das Wachstum dieser Zellen werden beide am Ende genauso groß sein wie die große Kastanie. Vermutlich unterscheidet sich das Denkmodell von dem der anderen Schülerin, weil diese vermutlich andere Aspekte hervorhebt. Die erste Schülerin hat sich auf die Größe bezogen und dabei die Form nicht so genau beachtet. Die andere hat sich vielleicht die Bestandteile der Zelle und deren Lage in der Zelle vorgestellt und daraus ihr Denkmodell entwickelt (wie Abb. 3). Der Zweck der Modellierung der ersten Schülerin ist also die Darstellung der Größe von Zellen im Zusammenhang mit Teilung und Wachstum. Der Zweck der Modellierung der zweiten ist die Darstellung der Lage der Zellbestandteile in der Zelle. Die beiden Schülerinnen sind also zwei Modelliererinnen, die mit ihren Denkmodellen ihre „Taschenlampen" auf unterschiedliche Aspekte des Originals gerichtet haben und damit etwas für sie im Moment Bedeutendes hervorheben (Abb. 2 und 3).

Vom Denkmodell zu Modellobjekten

Modellierende haben eine besondere Rolle, weil sie entscheiden, welchen Zweck ihre Denkmodelle haben und damit auch, wofür sie diese einsetzen wollen. Oft gehen Modellierende aber noch einen Schritt weiter. Sie schaffen Modellobjekte, die man in die Hand nehmen kann und mit denen man sinnvoll Gespräche führen kann. Hier wären dies z. B. Gespräche über die Größe von Zellen bei der Teilung und beim Wachstum oder über die Lage der Zellbestandteile in der Zelle. Die Modellierenden bestimmen dabei beispielsweise, in welcher Größe, Form und Farbe ein oder auch mehrere Modellobjekte geschaffen werden. Diese Modellobjekte stehen dann für dasselbe Denkmodell. Die Unterscheidung zwischen Denkmodell und Modellobjekt ist also wichtig, weil es zu demselben Denkmodell verschiedene Modellobjekte geben kann. So kann man sich die Zellteilung anstatt mit Kastanien auch wie die Teilung von Schokoladenstücken vorstellen. Um das anschließend einsetzende Zellwachstum ebenfalls zu zeigen, müsste man nach der Teilung die kleineren Stückchen jeweils wieder mit anderen Stückchen zusammenlegen, um die entstandenen Zellen wieder in voller Größe (wie die Schokoladenstücke) zeigen zu können.

Subjektive Sicht des Modellierenden

Ein Modellobjekt ist – wie ein Denkmodell – nicht einfach vorhanden. Jedes Modellobjekt wird vielmehr von einem Modellierer, ausgehend von einem Denkmodell, zu einem speziellen Zweck erstellt. Die Kastanie etwa wird nur zeitweise als Modellobjekt für das Denkmodell genutzt (Abb. 2). In verschiedenen Situationen werden unterschiedliche Denkmodelle und Modellobjekte für unterschiedliche Menschen bedeutend. Sie helfen uns so, eine biologische Frage zu beantworten. Dabei stehen Denkmodelle und Modellobjekte immer in einem engen Zusammenhang mit den entsprechenden biologischen Originalen.

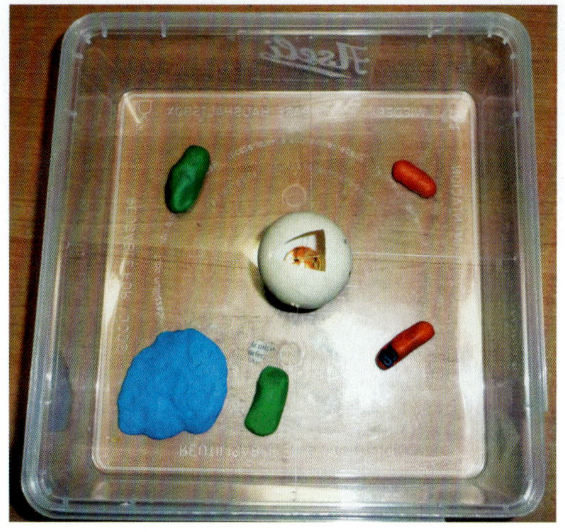

3: Zellmodell mit Zellbestandteilen. Tischtennisball: Zellkern, blaue Knete: Vakuole, grüne Knete: Chloroplasten, rote Knete: Mitochondrien

Es gibt eine Vielzahl solcher biologischer Originale, sie gehören zu unserer Erfahrungswelt. Viele von ihnen nehmen wir nicht immer wahr, weil sie ein selbstverständlicher Teil unserer Umgebung sind. Ebenso gibt es eine Vielzahl von Modellobjekten, auch sie gehören zu unserer Erfahrungswelt (➜ S. 16, Abb. 1), sie sind aber nicht einfach da, sondern werden erst geschaffen, und zwar ausgehend von verschiedenen Zwecken mit entsprechenden Denkmodellen, die der Modellierende entwickelt hat (➜ S. 22, Abb. 1–3).

4: Verschieden große Kastanien als Modellobjekt zu Zellteilung und Zellwachstum

AUFGABEN

1. Wähle ein biologisches Original (beispielsweise die Lunge oder eine Blüte) und wähle Aspekte aus, die unterschiedliche Modellierende in den Blick nehmen könnten. Finde dazu jeweils mögliche Modellobjekte.

Lösungen als Download 

Modelle werden anhand von Theorien konstruiert.

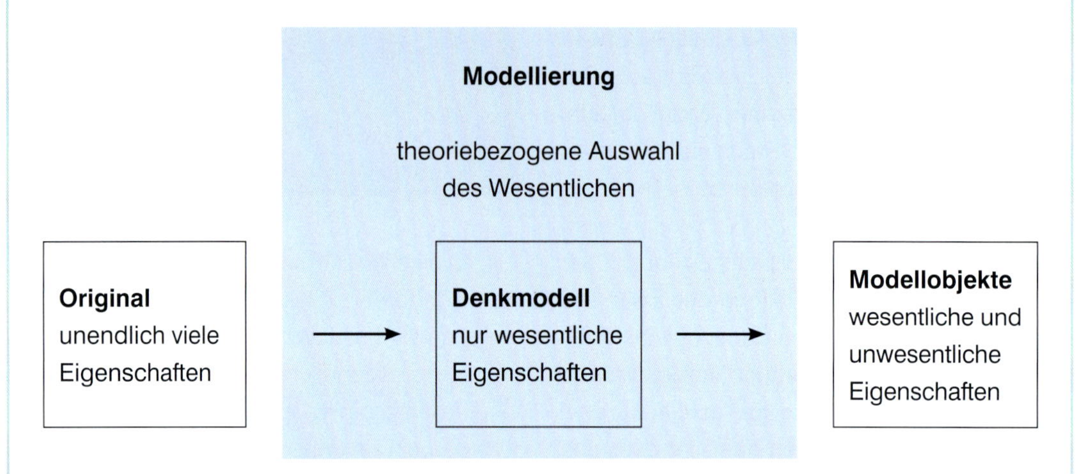

1: Die Modellierung eines Originals führt theoriegeleitet über ein Denkmodell zu möglichen Modellobjekten.

Theoriegeleitete Modellierung

Wie bereits beschrieben, kannst du ein Denkmodell aus dem Prozess der Zellteilung ableiten (➜ S. 18). Die Zellteilung selbst ist in einer Theorie über Zellen, der *Zelltheorie*, enthalten. Du entscheidest mit der Entwicklung deines Denkmodells (mit der Ausrichtung deiner „Taschenlampe"), welcher Aspekt der Zelltheorie für dein Denkmodell maßgeblich ist: Teilung von Zellen oder Wachstum von Zellen. Die Zellteilung stellst du dir beispielsweise so vor, dass zwei gleich große Hälften der Ausgangszelle die beiden entstandenen Zellen bilden. Die entstandenen Zellen sind dann zusammen so groß wie die Ausgangszelle. Dein Denkmodell kannst du im Gespräch mit anderen teilen, aber du kannst auch ein Modellobjekt als Unterstützung für das Gespräch bauen oder auswählen. So lässt sich beispielsweise ein Modellobjekt mit einem Schuhkarton oder einem Papiermodell bauen (➜ S. 19, Abb. 3) oder ein gegenständliches Modell aus der Biologiesammlung verwenden. Zu deinem Denkmodell kann es also mehrere Modellobjekte geben, die je nach theoretischem Fokus sehr unterschiedlich aussehen können. Sie können sich in ihrer Größe, ihrer Farbe, aber auch ihrem Material unterscheiden. Aber in jedem Fall ist das biologische Original durch das Denkmodell mit dem Modellobjekt verknüpft (Abb. 1). Das Original und mögliche Modellobjekte gehören dabei zur Erfahrungswelt, das Denkmodell dagegen zur Modellwelt (➜ S. 16, Abb. 1).

Der Prozess vom Original zum Modellobjekt wird als Modellierung bezeichnet (Abb. 1).

Untersuchungen mit Modellobjekten

Die fachliche Theorie zur Erklärung der Zwerchfellatmung beim Menschen wird beispielsweise durch ein Modellobjekt repräsentiert, das man als dondersche Glocke bezeichnet (Abb. 2).

Ursprüngliches Modellobjekt

Die Theorie besagt, dass durch das Zusammenziehen des Zwerchfells ein Unterdruck erzeugt wird, der zusätzliche Luft in die Lunge strömen lässt. Da die Muskelplatte sich nur verkürzen kann, kann sie nicht nach unten ausgedehnt werden, sondern das hochgewölbte Zwerchfell verkürzt sich, wird also flacher.

Diese theoretische Erklärung wird durch die übliche Handhabung der donderschen Glocke (das Ziehen des Gummituchs nach unten, → S. 13, Abb. 2) nicht genau modelliert: Bei der üblichen donderschen Glocke (hier: Abb. 2, links) zieht man das Gummituch nämlich nach unten. Das originale Zwerchfell, dem das Gummituch im Modellobjekt entsprechen soll, zieht keinen Muskel nach unten, das Ausstülpen nach unten ist also unmöglich. Vielmehr ist das Zwerchfell im Ruhezustand hochgewölbt und flacht sich durch Zusammenziehen seiner Muskeln ab.

Verändertes Modellobjekt

Eine veränderte Handhabung der Glocke modelliert die Prozesse angemessen:

1) Die Ballons werden bei geöffnetem Stopfen aufgeblasen. Danach wird das Glasrohr mit einem Finger zugehalten.
2) Bei geöffnetem Stopfen wird das Gummituch nach oben gedrückt und so gehalten, bis der Stopfen wieder fest auf der Glasglocke sitzt.
3) Erst jetzt wird das vorher zugehaltene Glasrohr geöffnet. Dadurch wird ein Unterdruck erzeugt: Das Gummituch bleibt aufgrund des Unterdrucks nach oben gewölbt.
4) Zur Simulation des Einatmens wird die Wölbung des Gummituchs abgeflacht. Das geschieht durch Ziehen nach unten (entspricht dem aktiven Zusammenziehen des Zwerchfells beim Einatmen).
5) Beim Loslassen des Gummituchs wölbt es sich wieder zur Ruhestellung.

Bei dieser Handhabung wird also deutlich, dass das Zusammenziehen des Zwerchfells (Einatmen) aktiv erfolgt (Herunterziehen), das Ausatmen passiv (Entspannen des Zwerchfells). Im Brustkorb herrscht ein Unterdruck; in der Lunge befindet sich vor dem Einatmen Restluft, eingeatmete Luft strömt hinzu.

Auch bei dieser Handhabung hat das Modell eine Grenze im Sinne der Theorie. Die beiden Luftballons lassen sich nicht zu gleicher Größe aufblasen, da sie dem Aufblasen stets ungleichen Widerstand entgegensetzen, deshalb bleibt ein Luftballon klein. Also wird das Modell so geändert, dass die Lunge nur durch einen Luftballon repräsentiert wird (Abb. 2, rechts).

ANSICHTEN UND EINSICHTEN

Theorie

Über den Begriff Theorie kann man häufig hören: „Das ist ja nur eine Theorie." Tatsächlich wird das Wort Theorie damit abgewertet. Theorie wird dann wie eine unsichere Spekulation verstanden. Menschen, die so über Theorien denken, erwarten, dass Theorien durch Phänomene oder Untersuchungen bewiesen werden, sozusagen aus ihnen folgen. Theorien werden aber nicht aus Phänomenen oder Daten abgeleitet, sondern Theorien werden formuliert, um Phänomene und Daten zu erklären. Das bedeutet, dass Untersuchungen und damit auch Modellierungen erst aus Theorien folgen. Die besondere Bedeutung von naturwissenschaftlichen Theorien liegt also darin, dass aus ihnen konkrete Untersuchungen abgeleitet werden, die zu empirischen Daten und damit zu mehr Wissen führen. Wissenschaftliche Erkenntnis setzt daher Theorien voraus.

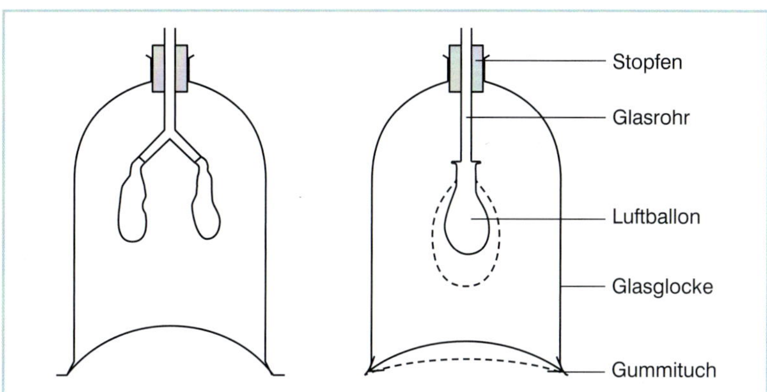

2: Dondersche Glocke: ursprüngliches und abgeändertes Modellobjekt zur Zwerchfellatmung

AUFGABEN

1. Erkläre die Rolle von Theorien in der Wissenschaft am Beispiel der Zelltheorie.

2. Erstelle eine Tabelle mit drei Spalten. Beschrifte die Spalten im Tabellenkopf mit „Originale", „Denkmodelle" und „Modellobjekte". Wähle zwei biologische Originale aus. Trage die Eigenschaften des Originals, des Denkmodells und die wesentlichen und unwesentlichen Eigenschaften des Modellobjekts entsprechend der Abb. 1 in die Tabelle ein.

Lösungen als Download 

Modelle erschließen Originale auf vielfältige Weise.

Du kennst wahrscheinlich ein oder mehrere Modelle, welche die äußere Struktur des menschlichen Herzens zeigen (Abb. 2). Vielleicht hast du aber auch schon ein echtes Herz gesehen, etwa vom Schwein (Abb. 1). Das ist zwar ein biologisches Original, kann aber stellvertretend als Modellobjekt für den Bau des menschlichen Herzens verwendet werden, weil beide Herzen vergleichbar gebaut sind. Man kann auch Herzmodelle aus Pappe bauen (Abb. 3), die zwar ebenfalls die Struktur des Herzens zeigen, dabei aber das Öffnen und Schließen der Herzklappen hervorheben sollen. Sie zeigen dann auch die relative Struktur, dabei sehen sie dem Original aber nicht ähnlich. Du siehst, es kann viele verschiedene Modellobjekte zu einem Original bzw. einem Denkmodell geben.

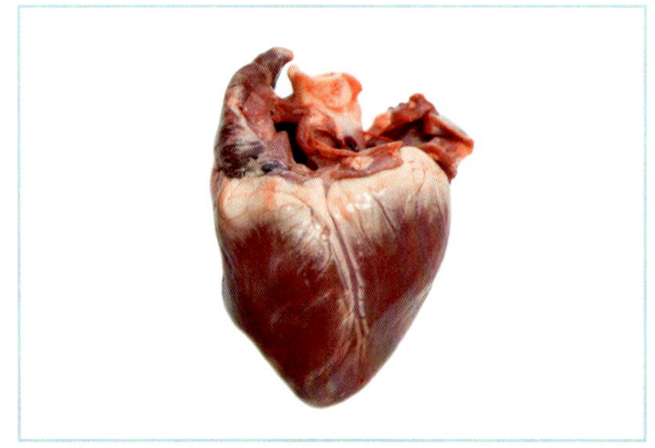

1: Biologisches Original: Herz vom Schwein

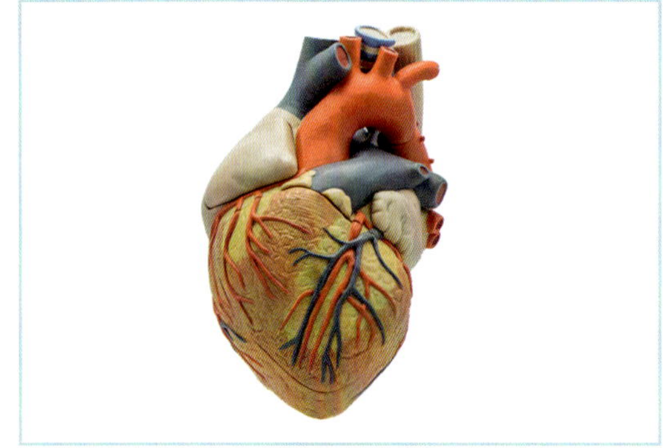

2: Modellobjekt 1: Herzmodell mit Struktur

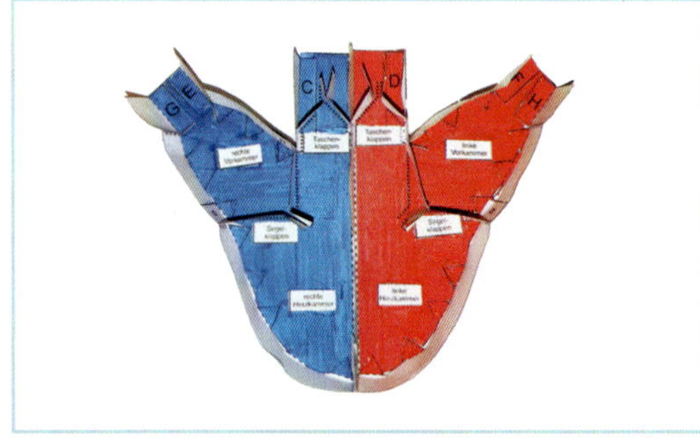

3: Modellobjekt 2: Herzmodell mit Kammern und beweglichen Klappen

Modellierung verschiedener Aspekte

Modellobjekt 1 (Abb. 2) hebt durch die Farben Blau und Rot für die Gefäße (Arterien und Venen) insbesondere den Blutfluss hervor: dort, wo Blut fließt, das mit Sauerstoff angereichert ist, in roter Farbe, und dort, wo Blut fließt, das kaum Sauerstoff und dafür mehr Kohlenstoffdioxid mitführt, in blauer Farbe. Das Modellobjekt zeigt aber auch etwas anderes. Es zeigt recht genau die Form des Herzens, allerdings nicht unbedingt in der originalen Größe. Oft wird eine andere Größe gewählt, damit man das Modellobjekt besser demonstrieren kann, sodass alle Betrachtenden das Wesentliche sehen und beschreiben können. Das Modellobjekt aus Plastik stellt das äußere Aussehen außerdem besser dar als ein Modellobjekt aus einem anderen Material.

Ohne Kenntnis des inneren Baus des Herzens wird man Modellobjekt 2 in Abbildung 3 nicht als Modellobjekt eines Herzens erkennen. Bei ihm sind die Herzklappen beweglich, und zwar genau in der Richtung, in der das Blut in unseren Körpern durch das Herz fließt. Mit dem Finger kann man nachverfolgen, in welche Richtung sich eine Klappe öffnet. Es gibt hier also zwei Modellobjekte des Herzens, bei denen die verschiedenen Aspekte theoriegeleitet hervorgehoben sind: Bei Modellobjekt 1 sind die als wesentlich ausge-

wählten Aspekte die äußere Struktur und Merkmale des geführten Bluts; bei Modellobjekt 2 die Fließrichtung des Bluts in Verbindung mit dem Klappenverhalten.
Das Erstellen mehrerer Modellobjekte für dasselbe Original wird der Komplexität von Originalen besser gerecht als nur ein Modellobjekt für das Original. Aus vielen theoretischen Aspekten auf ein Original zu schauen, führt somit zu einer umfassenden Vorstellung über das Original.

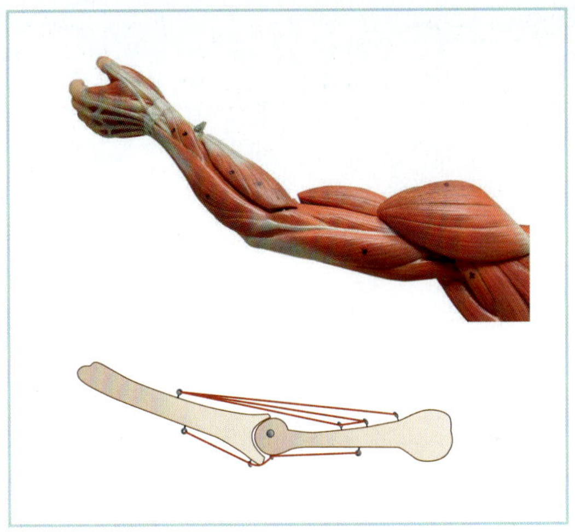

4: Zwei Modellobjekte vom Arm

Unterschiedliche Modellierung desselben Aspekts

Es gibt noch einen weiteren Grund für mehrere Modellobjekte zum selben Original. Nehmen wir den Theorieaspekt Fließrichtung des Bluts in Verbindung mit dem Öffnen und Schließen der Herzklappen. Dazu haben wir ein Pappmodell (Abb. 3) gebaut. Der Vergleich des Pappmodells mit dem Original kann ein Modellobjekt aus Plastik und Schläuchen ergeben, bei dem rot gefärbtes Wasser als Blut durch Kammern und Röhren führt. Eine Schemazeichnung zur inneren Struktur des Herzens mit eingezeichneten Pfeilen in Fließrichtung ist eine weitere Möglichkeit (Abb. 5). Ausgehend davon ist auch eine Skizze denkbar, die mithilfe des Computers animiert wird, sodass sich die Pfeile in ihr entsprechend fortbewegen. Während Modellobjekte 1 und 2 verschiedene Aspekte herausstellen, wird hier derselbe theoretische Aspekt mit verschiedenen Materialen oder in verschiedenen Darstellungen modelliert. Auf diese Weise werden also alternative Modellobjekte für denselben Aspekt des Originals konstruiert.

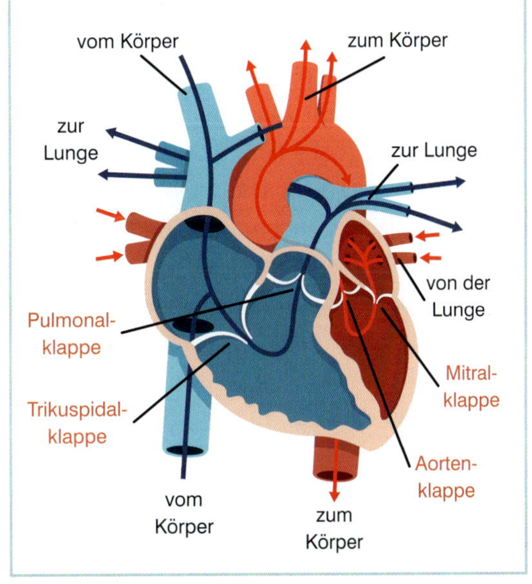

5: Modellobjekt 3: Skizze des Herzens mit Pfeilen der Blutströmung

Modellierung eines biologischen Originals durch ein anderes Original

Aber was passiert, wenn wir von einem Original ausgehen und andere Originale suchen, die im Sinne eines Modellobjekts dazu passen? Am Beispiel des Herzens heißt das, dass man Organismen wählt, bei denen man aufgrund der Verwandtschaft davon ausgehen kann, dass die Herzen vergleichbar aufgebaut sind und vergleichbar funktionieren (Abb. 1).

AUFGABEN

1 Schildere zu einem von dir gewählten biologischen Original zwei mögliche Modellobjekte, die denselben theoretischen Aspekt enthalten.

2 Erläutere die mit den beiden Modellobjekten vom Arm abgebildeten theoretischen Aspekte.

3 Viele Menschen denken, dass es nur ein Modell zu einem Original gibt. So ist es auch bei einem Mitschüler. Erläutere ihm, warum diese Vorstellung nicht zutrifft, und nenne ihm dazu ein Beispiel, das nicht auf dieser Seite steht.

Lösungen als Download 

Modelle werden nach ihrem Zweck bewertet.

1: Skizze einer Tulpe (links) und Foto vom Original (rechts)

Beschreibung von Aussehen und Strukturen

Stell dir vor, du hast eine Skizze einer Tulpe gemacht (Abb. 1, links). Das heißt, du hast auf Grundlage deines Denkmodells einer Tulpe ein Modellobjekt konstruiert (➜ S. 6). Mit der Skizze kannst du zeigen, wie eine Tulpe (das Original) aussieht, auch wenn du gerade keine Tulpe zur Hand hast (Abb. 1, rechts). Dabei ist die Ähnlichkeit zwischen einer Tulpe und deiner Skizze wichtig, denn ohne Ähnlichkeit wird deine Freundin in der Skizze keine echte Tulpe erkennen. Man kann sagen, dass der Zweck der Modellierung ist, möglichst genau zu beschreiben, wie eine Tulpe aussieht. Das Modellobjekt wird mit dem Original hier also nach dem Kriterium Ähnlichkeit verglichen und bewertet. Ein Modellobjekt, das dem Original ähnelt, ist in diesem Fall ein gutes Modell.

2: Blütendiagramm der Tulpe

P: Perigon (gleichartige Kelch- und Kronblätter),

A: Antheren (Staubblätter),

G: Gynoecium (Fruchtblätter),

Klammern: verwachsen

P3 + 3 A3 + 3 G(3)

Du kannst die Struktur deiner Tulpenblüte aber auch mit einem Blütendiagramm zeigen (Abb. 2). Dieses Diagramm gilt für typische Tulpenblüten. Du kannst das Blütendiagramm mit den Diagrammen anderer Blüten, z. B. dem von Narzissen, vergleichen. Das Aussehen der Blüten, z. B. die Farbe, ist dabei nicht wichtig, denn der Zweck der Modellierung ist die Beschreibung der prinzipiellen Anordnung und der Anzahl der Blütenteile: Fruchtblätter (Fruchtnoten), Staub-, Kelch- und Kronblätter. Das Modellobjekt ist in diesem Fall also gut, wenn du mit ihm die Struktur der Tulpenblüten grundsätzlich beschreiben kannst. Deswegen ist eine Darstellung als Diagramm für diesen Zweck sinnvoll, obwohl dieses Modellobjekt dem Original nicht sehr ähnlich sieht.

Erklärung von Funktionen

Bei einigen Pflanzen, z. B. beim Wiesensalbei, findet man einen besonderen Mechanismus, mit dem die Blüte bei Besuch durch ein Insekt an den Blütenstaub kommt, der an Insektenkörpern haftet. Beim Wiesensalbei befindet sich der Nektar tief am Blütengrund. Ein Insekt, z. B. eine Honigbiene, landet zunächst auf der Unterlippe der Lippenblüte (Abb. 3, oben). Dadurch wird eine Platte nach hinten gedrückt. Über ein Gelenk beugen sich die Staubfäden nach unten und die Staubbeutel übertragen Pollen auf den Rücken der Biene. Bei älteren Blüten hängen die Narben des Wiesensalbeis bogenförmig nach unten. Wenn die mit Pollen „beladene" Biene eine solche Blüte aufsucht, berührt sie mit ihrem Rücken die Narbe und überträgt den fremden Pollen. Dadurch wird die Pflanze bestäubt.

Dieser durch das Körpergewicht der Insekten ausgelöste Hebelmechanismus wird Schlagbaummechanismus genannt. Das Wort Schlagbaummechanismus lässt uns sofort an eine

3: Wiesensalbei wird von einer Honigbiene besucht (oben); Schlagbaummechanismus der Blüte (unten)

ANSICHTEN UND EINSICHTEN

Ähnlichkeit zwischen Modellobjekt und Original

Ein Modellobjekt, das wir in die Hand bekommen, vergleichen wir intuitiv mit dem entsprechenden biologischen Original. Dabei neigen wir dazu, zu sagen, das Modellobjekt ist gut oder das Modellobjekt ist schlecht. Wenn uns mehrere Modellobjekte vorliegen, gehen wir genauso vor. Wir bezeichnen in der Regel das Modellobjekt als das Beste, das dem Original am ähnlichsten sieht. Ein Modellobjekt, das ganz anders aussieht als das Original, bewerten wir eher als schlecht.

Dieses Bewerten ist jedoch sehr einseitig, denn in vielen Fällen sollen Modellobjekte einen Aspekt des Originals abbilden und dabei muss nicht die Ähnlichkeit im Vordergrund stehen. Es kommt bei der Bewertung von Modellobjekten nicht auf die Ähnlichkeit im Aussehen mit dem Original an, sondern auf den Zweck, für den es modelliert wurde. So bildet die dondersche Glocke (➜ S. 21) nicht die Gestalt der Lunge ab, sondern den Prozess des Ein- und Ausatmens durch Veränderung des Zwerchfells.

Schranke denken (Abb. 3, unten). Hier erzeugt also schon das Wort „Schlagbaum“ ein Denkmodell in uns. „Schlagbaum“ ist eine Metapher, die Entsprechungen des Blütenmechanismus, d. h. Analogien, zu einem realen Schlagbaum enthält. Dabei geht es aber nicht um das Aussehen, sondern darum, wie ein Schlagbaum funktioniert. Bei einigen Schlagbäumen gibt es einen Hebel mit einem Gegengewicht, mit dem das Öffnen und Schließen gesteuert werden kann. Genauso funktioniert die Bestäubung beim Wiesensalbei.

Vorhersagen von Prozessen

Mit einem Kurvendiagramm (Abb. 4) kannst du voraussagen, wann die Tulpe im nächsten Jahr austreiben und wann sie blühen wird. Noch viel mehr:

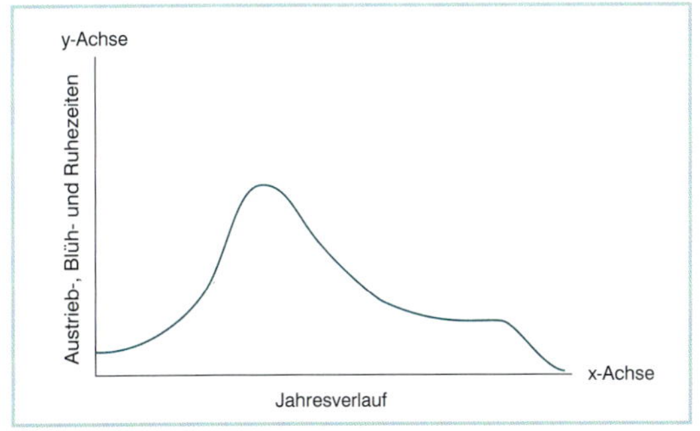

4: Diagramm zu Austrieb, Blüh- und Ruhezeiten der Tulpe

Du kannst das für alle Tulpenzwiebeln vorhersagen, die unter ähnlichen Bedingungen leben. Das Diagramm ist ebenfalls ein Modellobjekt. Es hat aber überhaupt keine Ähnlichkeit mit einer Tulpe und das ist auch gar nicht wichtig. Du kannst mit dem Diagramm aber viel über den Lebenszyklus der Tulpe im Verlauf eines Jahres erfahren. Dieses Modellobjekt ist also gut, wenn du damit den Prozess des Lebens von Tulpen vorhersagen kannst.

AUFGABEN

1 Wähle ein Modell aus den Abbildungen dieser Seite aus. Bewerte die Modelle und gib deine Bewertungskriterien an.

2 Mit Modellen können wir
- das Aussehen eines biologischen Originals bzw. einer biologischen Struktur beschreiben,
- die Funktionen von Strukturen erläutern,
- biologische Prozesse vorhersagen.

Ordne jedem Einsatzbereich Modelle von biologischen Originalen zu.

3 Ein Schüler findet die dondersche Glocke mit nur einem Luftballon nicht gut, weil sie die Verzweigung der Bronchien und die Lungenflügel nicht zeigt (➜ S. 21). Nimm Stellung zu dieser Bewertung.

Lösungen als Download 

Eine Modellierung erfolgt schrittweise und wiederholt.

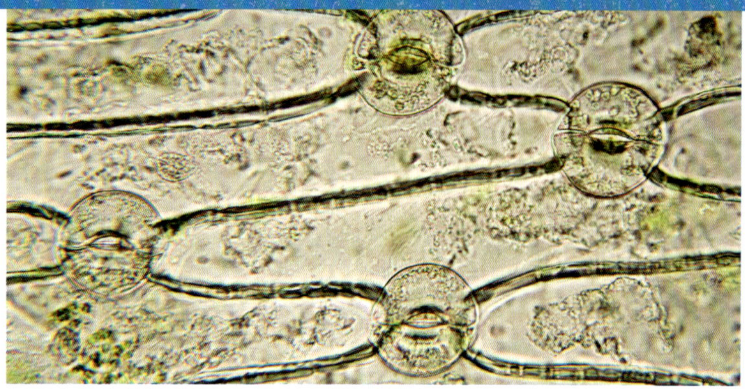

1: Blattunterseite mit Spaltöffnungen (Tulpe)

Viele Menschen denken, dass ein Modell für immer und für jeden Zweck gilt. Das heißt, dass das Modell ab seiner Entwicklung für immer gut ist. Das stimmt allerdings nicht. Genauso wie sich Theorien ändern, ändern sich auch Denkmodelle und Modellobjekte.

Modellierung ohne Ende

Luca möchte verstehen, wie auf der Zellebene die Regulation des Wasserstroms innerhalb der Pflanze durch die Bewegungen der Spaltöffnungen abläuft. Dafür mikroskopiert er Zellen der Blattunterseite einer Tulpe und sieht folgendes Bild (Abb. 1), das biologische Original.

2: Modellobjekte einer Spaltöffnung. a) Schema mit zwei Schließzellen, geschlossen (unten) und offen (oben); b) bewegliches Modellobjekt aus Luftballons; c) Fahrradschlauchmodell

Da Luca gelernt hat, dass Modelle dabei helfen können, komplexe Sachverhalte biologischer Originale zu erklären, bastelt Luca ein erstes Modell (Abb. 3), und zwar ausgehend von dem mikroskopischen Bild.

Denken wir noch einmal an die Tulpe. Wir haben gesehen, dass die Tulpe, genauer die Tulpenzwiebel, für einen Großteil des Jahres in einer Ruhezeit ist (➜ S. 25, Abb. 4). Wir sehen die Tulpe während ihres Austriebs und wenn sie blüht. Insbesondere in dieser Zeit reagiert sie, wie alle anderen Pflanzen, auf ihre sich ändernde Umgebung. So hat sie Möglichkeiten, bei Regen Wasser zu speichern und bei Trockenheit Wasser zu sparen. Dabei reißt der Wasserstrom aus dem Boden durch die Pflanze nicht ab, solange die Zellen funktionsfähig sind. Aber die Mengen Wasser, die aus der Pflanze verdunsten, sind je nach Umgebung unterschiedlich.

Auf der Unterseite der Blätter gibt es viele spaltförmige Öffnungen, wobei der Spalt geschlossen oder unterschiedlich weit geöffnet sein kann. Diese Bewegungen der Spaltöffnungen sorgen für den Austausch von Wasserdampf und anderen Gasen mit der Umgebung. Ohne diese Möglichkeit der Regulation würde die Tulpe während einer Trockenphase austrocknen.

Modellentwicklung durch Testen und Ändern des Modells

Luca zieht Parallelen zwischen seinem Modellobjekt und dem mikroskopischen Bild. Außerdem zieht Luca eine Schemazeichnung aus dem Schulbuch heran (Abb. 2 a). Seine beiden Modell-Schließzellen treffen den geöffneten Zustand sehr gut, aber dem Modellobjekt fehlt die Beweglichkeit, die notwendig ist, um die Bewegungen nachzuvollziehen. Also baut Luca ein anderes Modell mit einer neuen Idee. Er baut ein beweg-

liches Modell aus Luftballons (Abb. 2 b). Lucas Idee ist, durch Ziehen und Zusammendrücken die Beweglichkeit zu zeigen.
Ein erster Versuch zeigt, dass die Handhabung nicht so leicht ist. Luca muss Luft ablassen und die Luftballons wieder aufblasen, um das Schließen und Öffnen der Spaltöffnungen zu zeigen. Er hat die Idee, dass das mit einer Luftpumpe und einem Fahrradschlauch, der viel schmaler als die Luftballons ist, viel besser gelingen könnte. Also baut Luca ein weiteres Modell (Abb. 2 c), mit dem er jetzt schon sehr zufrieden ist. Die Funktion, die Luca zeigen möchte, ist in diesem Modellobjekt sehr gut umgesetzt.
Die Modellierung findet also ausgehend vom Original mit einem bestimmten Zweck statt und wird nach diesem Zweck bewertet (→ S. 24).
Wenn man den Zweck des Modells beachtet, kann allein der Vergleich zwischen einem biologischen Original und einem Modellobjekt dazu führen, dass das Modell weiterentwickelt wird. Durch das Testen und Ändern des Modells wird erreicht, dass das Modell immer besser zu dem Zweck passt. So kann sowohl das Denkmodell als auch das Modellobjekt weiterentwickelt werden.

Modellkritik

Die Modellkritik hilft dabei, die Teile des Modellobjekts zu finden, die das Original oder dessen Funktionen nicht passend zum festgelegten Zweck des Modells umsetzen. In Tabelle 1 erfolgt die Modellkritik nach dem Kriterium, ob die verwendeten Materialien den Strukturen des Originals entsprechen.
Luca kann die Beweglichkeit von Schließzellen nun mithilfe des Modells erklären: Wenn die Schließzellen mit Wasser (Schlauch mit Luft) prall gefüllt sind, krümmen sich die Schließzellen (Schlauch) nach außen und geben einen kleinen Spalt frei, durch den der Wasserdampf nach außen diffundieren kann. Verliert die Pflanze aufgrund von Trockenheit so viel Wasser, dass auch die Schließzellen wieder Wasser abgeben, erschlaffen diese (Luft aus Schlauch herausgelassen). Der Spalt schließt sich dabei und eine weitere Wasserdampfabgabe wird verhindert.

3: Modellobjekt einer Spaltöffnung mit zwei Schließzellen, die eine Öffnung für die Verdunstung von Wasser bilden

Ohne das Testen und Ändern von Modellen würde es auch in der Forschung nicht zu neuen Erkenntnissen kommen. Forschungsmodelle greifen immer den aktuellen Wissensstand auf und gehen gleichzeitig über ihn hinaus. Das machen sie, indem sie zukünftige Ereignisse voraussagen und diese Voraussagen mit wissenschaftlichen Methoden prüfen (→ S. 31).

verwendetes Material im Fahrradschlauch-Modell	entspricht im Original der Spaltöffnung
ein Fahrradschlauch	zwei Schließzellen
aufgeklebte Gummistreifen	Verdickungen der Schließzellen
Luft im Fahrradschlauch	Wasser in Schließzellen

Tab. 1: Modellkritik nach dem Kriterium der Entsprechung

AUFGABEN

1 Erläutere, wie man ein Modell überprüfen kann. Unterscheide für die dondersche Glocke (→ S. 13) und für ein Spaltöffnungsmodell (→ S. 26) zwischen dem Denkmodell und dem Modellobjekt.

2 Erläutere an beiden Beispielen, was es heißt, ein Modell zu ändern. Unterscheide dabei zwischen dem Denkmodell und dem Modellobjekt.

3 Skizziere den Prozess der Modellierung am Beispiel des Zellmodells im Pappkarton (→ S. 19). Berücksichtige dabei Modellkritik, Modellüberprüfung und Modelländerung.

Lösungen als Download 

Modellorganismen sind Modellobjekte für andere Organismen.

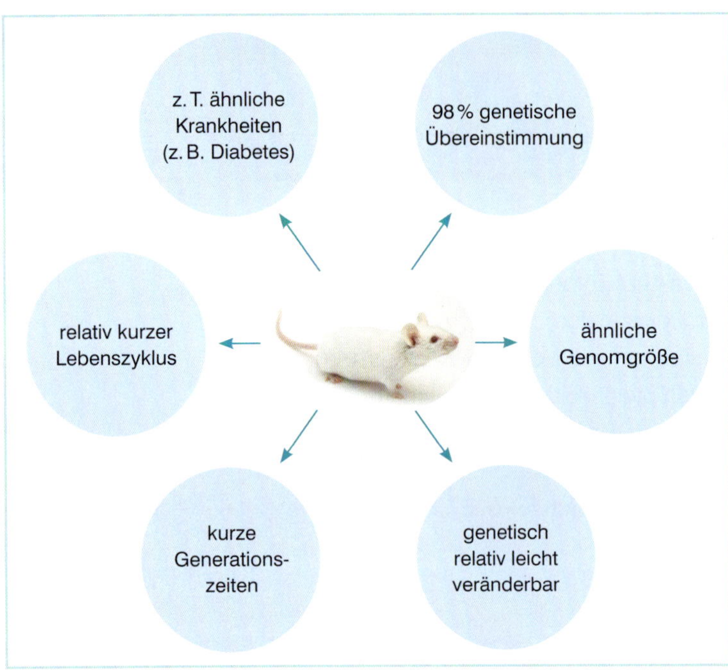

1: Modellorganismus Maus

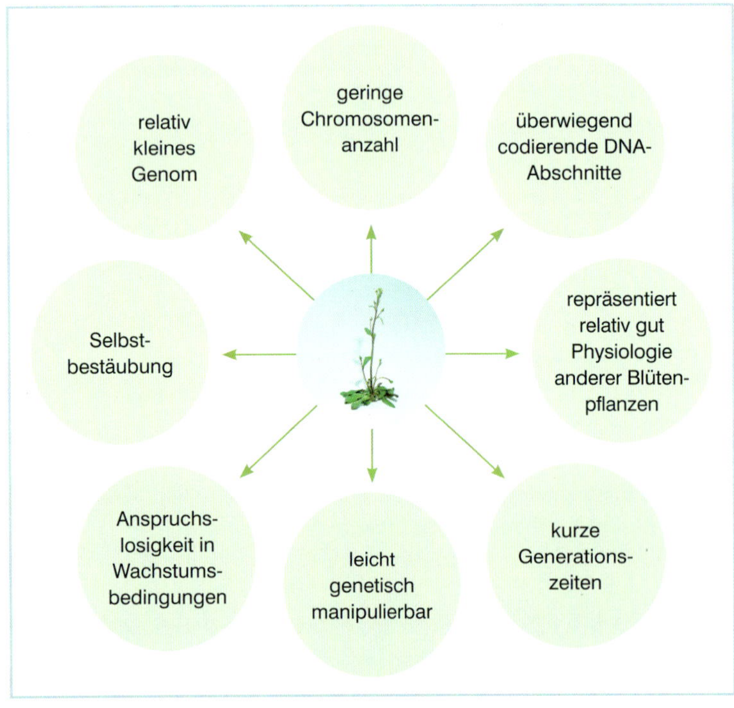

2: Modellorganismus Ackerschmalwand

Molekularbiologen nutzen für ihre Untersuchungen oft einfache Organismen (z. B. Hefen, Würmer) stellvertretend für komplexe Organismen (z. B. Menschen). Auf den ersten Blick haben solche Modellorganismen kaum Ähnlichkeiten mit den Organismen, für die sie als Modell genutzt werden. Sie haben aber Eigenschaften, die sie zu wertvollen Modellobjekten machen.

Der an Grippe erkrankte Mensch als Original

Schätzungen für Deutschland gehen von jährlich etwa 4 bis 16 Millionen Grippe-Infektionen aus, das sind 5 bis 20 Prozent der Bevölkerung. Jährlich sterben bis über 20 000 – meist ältere – Menschen an einer Influenza-Infektion. Deshalb soll die Forschung an Mäusen neue wissenschaftliche Erkenntnisse liefern und so möglichst die Sterblichkeit an Influenza reduzieren.

Der an Grippe erkrankte Mensch ist also Anlass für die Forschung zu Übertragung und Ausbreitung der Grippe, Verlauf von Grippeerkrankungen sowie Heilung. Die Übertragung von Viren über die Atemwege kann mithilfe von Computern simuliert werden, indem man beispielsweise das Reiseverhalten von Menschen mathematisch modelliert.

2018 wurde ein künstlich hergestellter DNA-Impfstoff gegen Grippe entwickelt, der an denjenigen Strukturen der Hülle von Grippeviren ansetzt, die sich nicht verändern. Im Gegensatz zu herkömmlichen Impfstoffen mit abgetöteten oder abgeschwächten Erregern soll der DNA-Impfstoff bei allen möglichen Varianten von Grippeviren einen verlässlichen Schutz bieten. Er müsste demnach nicht jährlich angepasst werden. Bei Tieren zeigte dieser Impfstoff bereits eine große Wirkung. Bevor der Wirkstoff jedoch beim Menschen eingesetzt werden kann, müssen mögliche Neben-

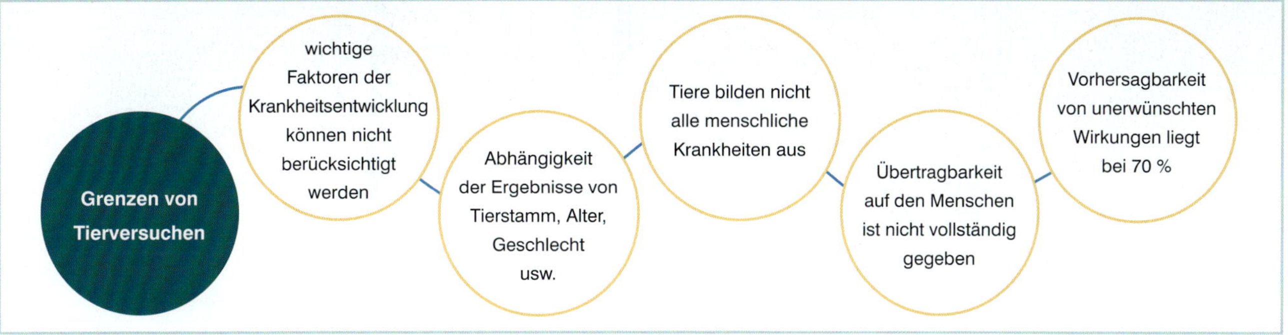

3: Grenzen von Tierversuchen

wirkungen ausgeschlossen werden. Hierfür wird die Wirkungsweise des Impfstoffs vor den klinischen Tests am Menschen zunächst stellvertretend an Mäusen untersucht.

Modellcharakter von Lebewesen

Mäuse sind im Fall der Untersuchung des Grippeimpfstoffs ein Modellorganismus. Er wird hier als Modellobjekt für den Menschen eingesetzt. Ein Modellorganismus ist ein Lebewesen mit Modellcharakter, man spricht auch vom Tiermodell. Untersuchungen werden zwar am Modellorganismus durchgeführt, getestet wird dabei jedoch das zugehörige Denkmodell, das z. B. Wissen über eine Krankheit bzw. Heilung enthält. Das Wort Modellorganismus sagt aus, dass ein Lebewesen als Modellobjekt für Untersuchungen genutzt wird, die mit dem Menschen nicht gemacht werden. Dass es dabei nicht um den ganzen Organismus geht, sondern nur um den Teil, der zum Denkmodell passt, kommt im Wort Modellorganismus nicht zum Ausdruck. Das liegt daran, dass genau dieser Teil nur im lebenden und damit im ganzen Organismus untersucht werden kann. Obwohl es beim Einsatz von Modellorganismen um einen bestimmten Ausschnitt geht, hat die Untersuchung dennoch möglicherweise einen Einfluss auf den gesamten Organismus – bis hin zu seinem Tod.

Auswahl eines Modellorganismus

Ein wesentliches Kriterium für die Auswahl eines Modellorganismus ist, inwieweit er in Hinblick auf den Zweck dem Zielorganismus (Original) ähnlich ist. Dazu muss man wissen, in welchen Aspekten sich beide Organismen gleichen und in welchen sie sich voneinander unterscheiden.

Andere Kriterien für die Auswahl der Modellorganismen sind ein kurzer Lebenszyklus. Dann lassen sich Effekte an mehreren Generationen zeitnah beobachten (Abb. 1). Mit neuem Wissen, das durch Forschungen am Modellobjekt erworben wird, sollen neue Möglichkeiten der Behandlung entwickelt werden, wie z. B. ein Grippeimpfstoff.

Einsatz von Tieren und Pflanzen

Die Arbeit mit Modellorganismen ist oft mit Tierversuchen verbunden (Abb. 3). Diese unterliegen strengen Regeln und einer ethischen Bewertung. Zur Erforschung von Krankheiten sollen Tiere nur gemäß den Bestimmungen des Tierschutzgesetzes eingesetzt werden: Sie dürfen nicht ohne zwingenden oder „vernünftigen“ Grund geschädigt oder getötet werden. Auch Pflanzen (Acker-Schmalwand (Abb. 2), Pilze (Bäcker-Hefe,), Bakterien (Escherichia coli) werden als Modellorganismen genutzt.

AUFGABEN

1 Wähle einen Modellorganismus aus diesem Heft aus und überlege, welcher theoretische Aspekt bzw. welche biologische Fragestellung damit untersucht wurde. Erkläre das Ergebnis und begründe die Schlussfolgerung für die Fragestellung bzw. das biologische Original

2 Informiere dich darüber, welche Modelle man verwenden kann, um viele Tierversuche zu vermeiden.

3 Auf S. 15 stehen einige Fragen. Versuche, diese Fragen zu beantworten und deine Antworten zu begründen, dass eine Schülerin oder ein Schüler der 7. Klasse sie versteht. Die Seiten dieses Kapitels helfen dir dabei.

Lösungen als Download 

Wissenschaftliches Modellieren

3

Was haben Modelle mit Wissenschaft zu tun?

Wie arbeiten Wissenschaftler und Wissenschaftlerinnen mit Modellen?

Wie wichtig ist Modellieren in der Wissenschaft?

Wann ändern Wissenschaftler und Wissenschaftlerinnen ein Modell?

Mit Modellen können wir Neues über ein Original erfahren.

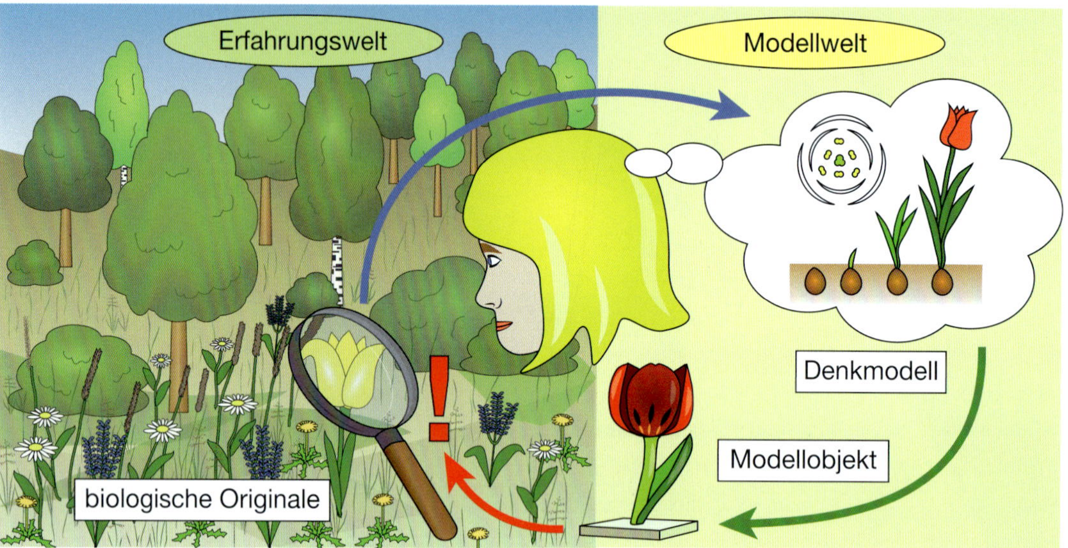

1: Mit Modellen erfahren wir Neues über die Welt um uns herum.

Inwiefern dienen Modellobjekte als Forschungswerkzeuge?

Wenn Modellobjekte für das Lernen genutzt werden, dienen sie meistens zur Veranschaulichung von biologischen Strukturen, Prozessen oder Systemen. Wenn du beispielsweise ein Modellobjekt von einer Pflanzenzelle gebaut hast, veranschaulichst du damit die Strukturen Zellwand, Zellmembran und Zellplasma. Du zeigst auch, dass Zellen dreidimensional sind, was man im Mikroskop meist nicht sehen kann (➜ S. 26, Abb. 3 (Papier-Pflanzenzellmodell).

Eine Grundlage dafür kann sein, etwas Neues über das Original, in diesem Fall die Zelle, herauszufinden. Die Modellobjekte werden dann sozusagen als Forschungswerkzeuge genutzt (➜ S. 36 f.).

Mit dem Bauen eines Modellobjekts einer Pflanzenzelle kannst du auch das Ziel haben, Vorgänge an den Membranen vorherzusagen (Abb. 3): Dazu füllst du einen transparenten Plastikbeutel (entspricht der Zellmembran) mit Wasser (entspricht dem Zellplasma), verschließt ihn und platzierst ihn anschließend in einen Karton (ent-

2: Pflanzellenzellen (lichtmikroskopische Aufnahme)

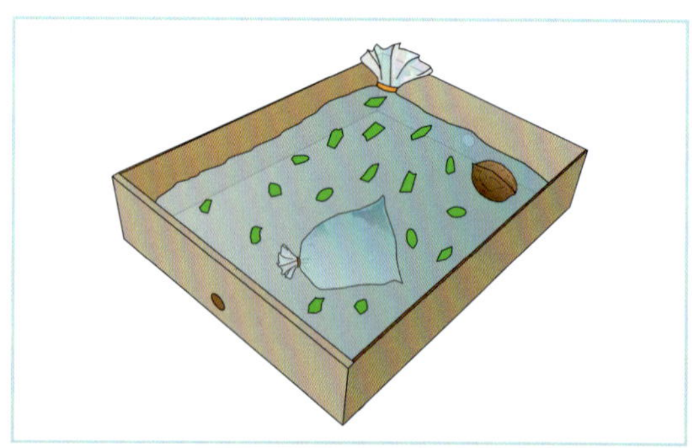

3: Modellobjekt einer Zelle

spricht der Zellwand). Beim Befüllen des Beutels mit Wasser kannst du weniger oder mehr Wasser in den Beutel gegeben. Du beobachtest dann, dass sich der Abstand zwischen Beutel (= Zellmembran) und Karton (= Zellwand) in dem Modellobjekt verändert. Diese Beobachtung kann Anlass sein, eine Hypothese über das Original aufzustellen (➜ S. 36), z. B. zu Vorgängen in der Pflanzenzelle bei Wasserverlust. Eine solche Hypothese kann dann etwa lauten: Bei Pflanzenzellen wird der Abstand zwischen Zellmembran und Zellwand umso größer, je mehr Wasser diese Zelle verliert. Diese Hypothese kannst du in einer Untersuchung, z. B. einem Experiment, überprüfen (Überprüfen von Hypothesen und Gewinnen neuer Erkenntnisse: ➜ S. 36–39). Somit lernst du mithilfe deines Modellobjekts etwas Neues über das Original.

Die mit dem Modellobjekt neu gewonnene Erkenntnis über das Original wird in Abbildung 1 durch den grünen Pfeil vom Modellobjekt zurück in die Erfahrungswelt dargestellt.

Warum sind Modelle in der Wissenschaft wichtig?

Auf eine ähnliche Weise arbeiten auch Wissenschaftler und Wissenschaftlerinnen mit Modellen. Auch sie leiten aus ihren Denkmodellen und Modellobjekten Hypothesen über Originale ab (➜ S. 34–39). Die Hypothesen überprüfen sie anschließend mithilfe naturwissenschaftlicher Untersuchungen.

Bei der Erforschung von menschlichen Krankheiten, wie beispielsweise Fettleibigkeit, werden Mäuse als Modellorganismen verwendet (➜ S. 28). Dabei leiten Wissenschaftler und Wissenschaftlerinnen aus theoretischen Überlegungen (ihren Denkmodellen) Hypothesen zu Ursachen dieser Krankheit ab, zum Beispiel eine bestimmte Ernährungsweise oder die Zusammensetzung der Darmflora. Diese überprüfen sie an dem Modellorganismus (➜ S. 28) durch wissenschaftlich kontrollierte Untersuchungen. Wenn ihre Hypothesen durch die Untersuchungen gestützt werden, erhalten sie damit Erkenntnisse über den Krankheitsverlauf im Modellorganismus. Eine derartige Erkenntnis kann zum Beispiel sein, dass das Mengenverhältnis von verschiedenen Bakterienarten im Darm der Mäuse einen Einfluss auf ihre Gewichtszunahme hat. Um zu prüfen, ob diese Erkenntnis vom Modellorganismus auf den Menschen (das biologische Original) übertragbar ist, stellen die Wissenschaftler und Wissenschaftlerinnen Hypothesen zu den Ursachen der untersuchten Krankheit beim Menschen auf. Die Hypothesen werden durch klinische Tests am Menschen überprüft. Dabei kann es passieren, dass die Hypothesen widerlegt werden. Die an dieser Untersuchung beteiligten Personen müssen dann ihr Denkmodell ändern.

4: Forschung im Labor

WÖRTER UND BEGRIFFE

Wissenschaftliches Modellieren

Das Wort Modellieren wird oftmals verwendet, wenn der Prozess der Erstellung eines Modellobjektes beschrieben wird. Das ist auch richtig, eine Modellierung beinhaltet aber noch mehr. Wie du auf dieser Seite gelernt hast, werden Denkmodelle und Modellobjekte auch dafür genutzt, etwas Neues über ein biologisches Original zu lernen. Man kann auch sagen: Sie werden zur Erkenntnisgewinnung genutzt. In diesem Zusammenhang wird mit einer Modellierung also folgender Prozess beschrieben:

1. Ausgehend von einem biologischen Original wird theoriegeleitet ein Denkmodell gebildet.
2. Dieses Denkmodell wird anschließend in einem Modellobjekt dargestellt.
3. Mithilfe wissenschaftlicher Untersuchungen werden Hypothesen über das biologische Original überprüft.

Entscheidend ist, dass alle diese Punkte mit dem Ziel durchlaufen werden, etwas Neues über das biologische Original zu erfahren.

In der Wissenschaft werden Modelle genutzt, um Originale zu erklären.

1: James Watson und Francis Crick mit einem Modell der DNA

Wissenschaftler und Wissenschaftlerinnen forschen an biologischen Originalen. Das können sowohl Tiere und Pflanzen sein als auch biologische Strukturen, die man mit dem bloßen Auge nicht sehen kann. Diese biologischen Originale sind dabei teilweise nicht direkt zugänglich, weil sie beispielsweise sehr klein sind, sodass man sie selbst unter dem Mikroskop nicht erkennen kann. Auf Grundlage wissenschaftlicher Untersuchungen lassen sich in der Forschung diese biologischen Originale mithilfe von Modellen beschreiben und erklären.

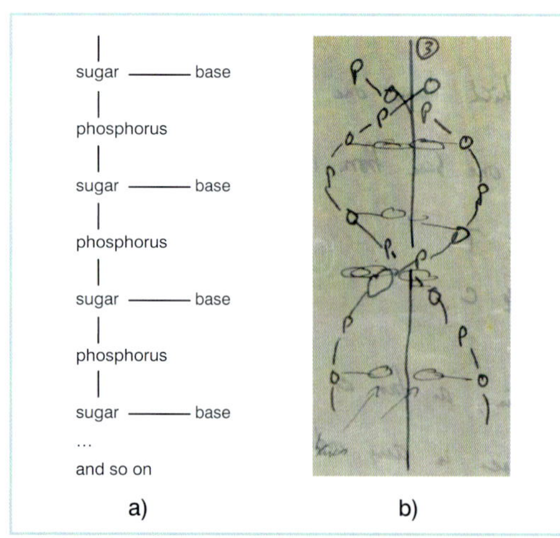

2: Nach Francis Crick; das Modell a) eines DNA-Strangs, b) des DNA-Doppelstrangs

Struktur des DNA-Moleküls

Lange Zeit wusste man sehr wenig über die grundlegende Struktur der Vererbung. Erst in den 1950er-Jahren wurde das zugrunde liegende biologische Original entdeckt und im Detail untersucht: das Molekül der DNA. Dieses Molekül ist zu klein, als dass sein Aufbau direkt hätte untersucht werden können. Aus diesem Grund untersuchten Wissenschaftler und Wissenschaftlerinnen die DNA mit indirekten Methoden, wie beispielsweise durch Röntgenuntersuchungen, die Rosalind Franklin (1920–1958) erfolgreich durchführte, um Abstände zwischen Molekülteilen zu bestimmen. Vor allem auf Grundlage der Arbeiten von Rosalind Franklin entwickelten James Watson (geboren 1928) und Francis Crick (1916–2004) ein Modell der Struktur der DNA. Das Besondere an diesem Modell ist, dass mit ihm der Aufbau der DNA auf einfache Weise erklärt werden kann, und das in Übereinstimmung mit den bisherigen Erkenntnissen.

Dies wird besonders deutlich in einem Brief, den Crick noch vor der Veröffentlichung eines wissenschaftlichen Artikels im Jahr 1953 an seinen zwölfjährigen Sohn schrieb (deutsche Übersetzung):

„James Watson und ich haben vermutlich eine bedeutende Entdeckung gemacht. Wir haben ein Modell für die Struktur der Des-oxy-ribo-nuklein-säure [englisch: des-oxy-rebo-nucleic acid] erstellt, abgekürzt D.N.A. […] Unsere Struktur ist wunderschön. D.N.A. kann man sich ungefähr als eine sehr lange Kette mit flachen abstehenden Stückchen vorstellen. Diese flachen Stückchen heißen „Basen". Die Formel sieht ungefähr so aus (Abb. 2 a). Nun gibt es zwei von diesen Ketten, die sich umeinanderwinden – jede ist eine Helix –, und die Kette, bestehend aus Zucker und Phosphor, ist außen und die Basen sind alle in-

nen. Ich kann es nicht sehr gut zeichnen, aber es sieht ungefähr so aus (Abb. 2 b).“

Crick beschreibt dann, dass es lediglich vier Basen gibt: Adenin (A), Guanin (G), Thymin (T) und Cytosin (C). Sie treten immer nur in festgelegten Paaren auf: A mit T und C mit G. Weiter schreibt er:

„Soweit wir das sehen können, können die Basen auf dem einen Strang in beliebiger Reihenfolge auftreten. Aber wenn ihre Reihenfolge dann festgelegt ist, ist die Reihenfolge auf dem anderen Strang ebenso festgelegt.“

Vor allem diese letzte Feststellung, dass die Reihenfolge der Basen auf dem einen Strang die Reihenfolge der Basen auf dem anderen Strang festlegt, ist eine wesentliche Eigenschaft der DNA. Crick erklärte dies im Brief in sehr einfacher Form mithilfe eines Modells.

Vorhersagen über biologische Prozesse

Aus dem Modell des DNA-Moleküls leitet Crick in seinem Brief anschließend eine grundlegende Aussage über den Prozess ab, wie Leben aus Leben entsteht: Er erklärt seinem Sohn anhand des Modells, wie sich die DNA selbst vervielfältigen kann.

„Wir glauben, dass die D.N.A. ein Code ist. Das bedeutet, dass die Reihenfolge der Basen (der Buchstaben) dafür sorgt, dass Gene sich voneinander unterscheiden (so wie sich eine Seite Text von einer anderen unterscheidet). Du kannst sehen, wie die Natur Kopien der Gene macht. Das passiert, indem sich die zwei Stränge in zwei einzelne Stränge aufteilen. Und wenn jeder Strang jeweils einen weiteren Strang an sich selbst erzeugt, dann liegt das daran, dass A immer mit T zusammenkommt und G immer mit C. Dadurch erhalten wir zwei Kopien, wobei wir ursprünglich nur eine hatten (Abb. 3). […] Mit anderen Worten: Wir glauben, dass wir den grundlegenden Kopiermechanismus entdeckt haben, bei dem Leben aus Leben entsteht.“

Crick leitete in diesem Brief also aus seinem Modell eine Vorhersage über das biologische Original ab. Er leitete aus der Struktur des DNA-Modells den Prozess der Verdopplung der DNA, DNA-Replikation, ab. Hierzu ist aus heutiger wissenschaftlicher Sicht jedoch anzumerken, dass zwar die grundlegenden Prozesse, wie sie Crick in dem Brief beschreibt, bei der Verdopplung der DNA stattfinden. Allerdings verdoppelt sich DNA nicht selbst. Vielmehr sind für die Replikation andere Moleküle innerhalb der Zelle erforderlich: Enzyme, die die Verdoppelung katalysieren. Dies zeigt, dass Modelle neue Kenntnisse über ein Original liefern können. Es müssen jedoch nicht alle aus einem Modell gefolgerten Annahmen zutreffen. Sie können durch neue Untersuchungen korrigiert werden.

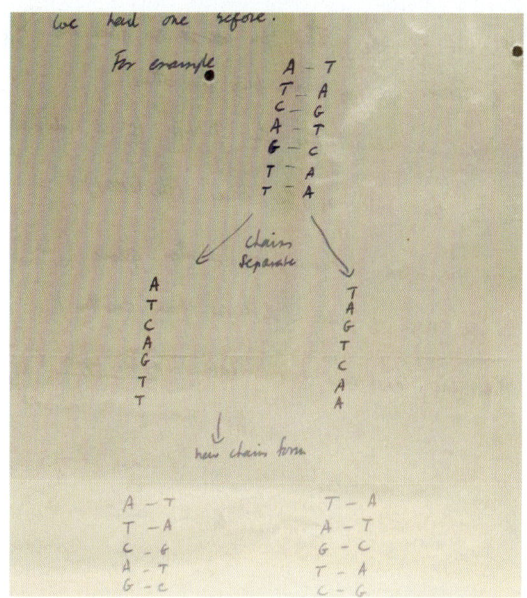

3: Francis Crick veranschaulicht die DNA-Verdoppelung anhand seines Modells.

AUFGABEN

1. Lies noch einmal genau, wie Crick über die Natur und das Leben spricht. Wie Crick glaubten viele, dass mit dem Modell der DNA das Rätsel des Lebens gelöst ist. Nimm Stellung dazu, indem du berücksichtigst, was ein Modell leisten kann und was nicht.
2. Informiere dich über den Bau des DNA-Moleküls und zeichne dann selbst ein Modell der Struktur der DNA.
3. Bastle mit deiner Kenntnis ein Modell der DNA, mit dem du einem Freund erklären kannst, dass DNA aus zwei Strängen besteht. Du kannst dazu z. B. Steckperlen verwenden.

Lösungen als Download 

In der Forschung werden aus Denkmodellen Hypothesen abgeleitet.

1: Gregor Mendel

2: Gelbe und grüne Erbsen

Mendels Denkmodell: Kombination der Merkmale

Eine wichtige Rolle spielen in der Wissenschaft mathematische Denkmodelle, mit denen in vielen Fällen präzise Hypothesen überhaupt erst möglich sind. Ein Beispiel dafür sind die Untersuchungen zu *Erbgängen* von Merkmalen bei Pflanzen, wie sie von Gregor Mendel (1822–1884, Abb. 1) durchgeführt wurden. Als studierter Mathematiker verknüpfte er seine Vermutungen über das Auftreten von Merkmalskombinationen in den Erbgängen mit mathematischen Betrachtungen: Die mathematische *Kombinatorik* war wesentlicher Bestandteil seines Denkmodells.

Mit seinem Denkmodell sagte Mendel die Verhältnisse von Merkmalsausprägungen vorher. Entsprechend überprüfte Mendel seine Hypothesen dadurch, dass er die Häufigkeit der sichtbaren Merkmalsauprägungen zählte und damit das Verhältnis der Merkmalsausprägungen bestimmte.

Kreuzungen von Erbsensorten

Mendel führte über mehrere Jahre gezielte *Kreuzungen* an Erbsenpflanzen durch. Er verwendete dazu *Sorten*, die sich in bestimmten Merkmalen deutlich voneinander unterscheiden, z. B. in der Farbe ihrer Samen: Sorte 1 mit gelben Erbsen, Sorte 2 mit grünen Erbsen.

Durch wiederholte getrennte Aussaat der Sorten stellte er zunächst sicher, dass sich die gewählten Merkmale innerhalb der beiden Sorten von Generation zu Generation nicht veränderten (konstante Merkmale). Das bedeutete für ihn, dass jedes Pflanzenindividuum einer Sorte nur das Merkmal „gelb", die andere nur „grün" enthält. Die zur Kreuzung verwendeten Pflanzen waren also reinerbig.

Anschließend kreuzte er die beiden Sorten miteinander. Er ging davon aus, dass bei einer Kreuzung jede Elternpflanze das Merkmal (also „gelb" bzw. „grün") an die Nachkommen weitergibt. Mendel erwartete daher, dass die beiden Merkmale bei den Nachkommen aus der Kreuzung der Sorten in irgendeiner Weise kombiniert sind. Bei seinen Kreuzungsversuchen war jedoch bei den ersten Nachkommen (1. Tochtergeneration) immer nur eines der beiden Merkmale ausgeprägt: Die Nachkommen besaßen ausschließlich gelbe Samen.

Als er die Pflanzen der 1. Tochtergeneration miteinander kreuzte, machte er eine überraschende Feststellung: Unter den Nachkommen (2. Tochtergeneration) gab es sowohl Pflanzen mit gelben Samen als auch Pflanzen mit grünen Samen. Die Pflanzen der 1. Tochtergeneration waren also mischerbig.

Dass Pflanzen mit gelben Samen auch Nachkommen mit grünen Samen haben können, war ein Rätsel. Mendel ging in seinem Denkmodell also davon aus, dass in den mischerbigen Individuen beide Varianten des Merkmals vorhanden sind.

Hypothesen

Mendel löste das Rätsel mit einem Denkmodel zur Kombinatorik der Merkmale. Er nahm an, dass mit den Keimzellen immer nur ein Merkmal (also entweder „gelbe“ oder „grüne“ Samenfarbe) weitergegeben wird, weil die Merkmale bei der Bildung der Keimzellen unverträglich sind, d. h. sich bei der Bildung der Keimzellen ausschließen.
Aus diesem Denkmodell leitete Mendel folgende Hypothesen ab:

- Bei einer Kreuzung von Elternpflanzen zweier reinerbiger Sorten entstehen Pflanzen, die beide Merkmale in sich tragen: sowohl das Merkmal „gelb“ als auch „grün“ – obwohl immer nur das Merkmal „gelb“ erkennbar ist. Sie enthalten also alle die Kombination „gelb-grün“. Das Merkmal „gelb“, das in der 1. Tochtergeneration auftrat, bezeichnete Mendel deshalb als dominierend – heute sagt man *dominant* –, das Merkmal „grün“ als *rezessiv*, d. h. zurücktretend.
- Mischerbige Individuen tragen jeweils die Merkmale „gelb-grün“ in sich. Aufgrund der Reinheit der Keimzellen gibt es bei ihren Nachkommen (2. Tochtergeneration) die vier Kombinationen: „gelb“, „gelb-grün“, „grün-gelb“ und „grün“. Unter der Voraussetzung, dass jede der beiden Merkmale eines Elternteils mit gleicher Wahrscheinlichkeit an die Nachkommen weitergegeben wird, muss das Verhältnis der Samenfarben unter den Nachkommen statistisch der Verteilung 3 (gelb) : 1 (grün) entsprechen.

Und in der Tat: Mendels Versuche zeigten den Hypothesen entsprechende Ergebnisse (Abb. 3): Bei der Kreuzung von reinerbigen Elternpflanzen der Sorte 1 (Merkmal „gelb“) und Sorte 2 (Merkmal „grün“) entstanden in der 1. Tochtergeneration ausschließlich Pflanzen, die gelbe Erbsen entwickelten (Abb. 3, Mitte). In der 2. Tochtergeneration traten die Merkmale statistisch in der erwarteten Häufigkeit von 3:1 auf (Abb. 3, unten). Mendels Beispiel zeigt, dass in der Wissenschaft Denkmodelle beim Ausfstellen von Hypothesen über ein biologisches Original leitend sind.

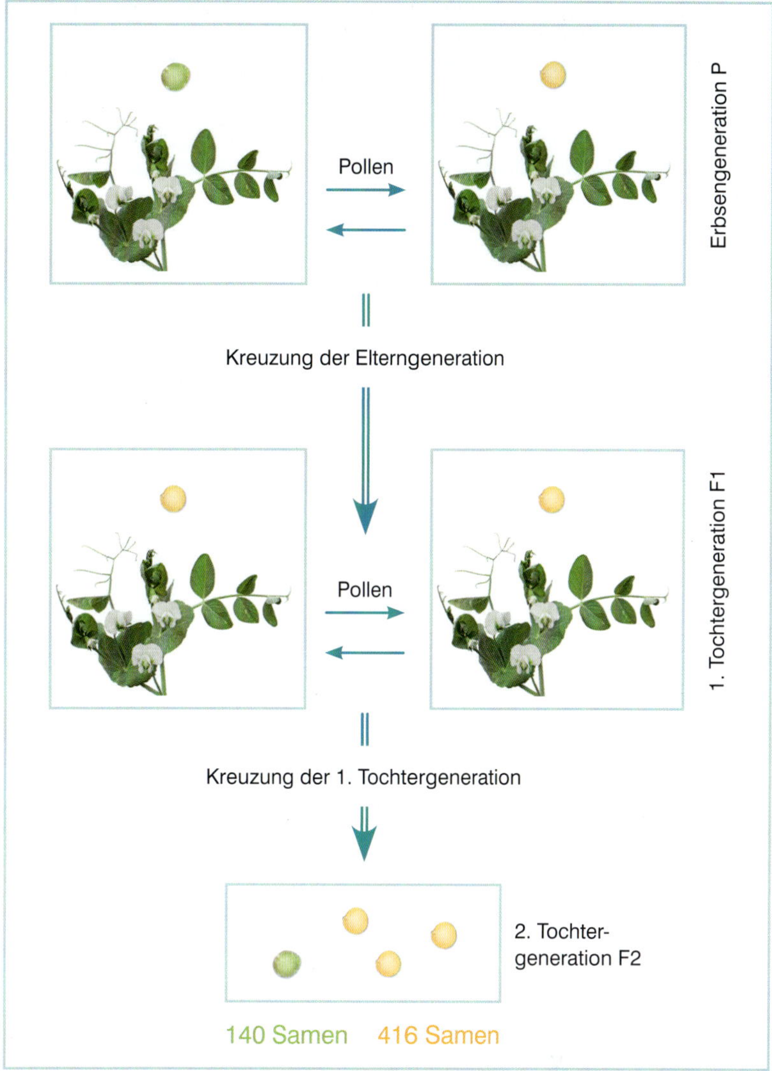

3: Die Samen sind die embyonalen Pflanzen der jeweiligen Generation.

AUFGABEN

1. Beschreibe, inwiefern mathematische Aspekte von Mendels Denkmodell leitend für seine Versuche waren.
2. Recherchiere, wie das Kreuzungsschema der zweiten mendelschen Regel mit der Annahme von Genen formuliert wird. Erläutere, inwiefern sich die darin dargestellten genetischen Überlegungen von Mendels Denkmodell unterscheiden.
3. Die mendelschen Regeln sind Sonderfälle der Genetik. Begründe diese Aussage.

Lösungen als Download 

Mit einer Modellierung werden in der Wissenschaft neue Erkenntnisse gewonnen.

1: Hängeohren bei zwei Hunderassen

Wissenschaftler und Wissenschaftlerinnen erhalten neues Wissen über biologische Originale, indem sie Vorhersagen, also Prognosen, aufstellen und diese anschließend überprüfen, zum Beispiel mithilfe von naturwissenschaftlichen Untersuchungen wie Experimenten. Dabei nutzen sie sehr häufig Modelle.

Vorhersagen machen

Bei vielen Haustieren finden sich bestimmte ähnliche körperliche, d. h. *morphologische* Merkmale, wie beispielsweise Hängeohren oder ein aufgerollter Schwanz. Dieses Phänomen konnte lange nicht erklärt werden. Dies liegt unter anderem auch daran, dass der Prozess der Zucht von Haustieren aus Wildtieren sehr lange zurückliegt. Der russische Biologe Dmitry Belyaev (1917–1985) beschäftigte sich mit diesem Phänomen und nutzte dazu sein Wissen über die Domestikation von Wildtieren. Er wusste, dass hierbei die menschlich gesteuerte *künstliche Selektion* bestimmter Merkmale dazu führt, dass sich gewünschte Merkmale bei dem Großteil der Individuen einer der domestizierten Art finden. Solche Merkmale können beispielsweise Zahmheit oder kurze Entwicklungsdauer sein – oder eben auch Hängeohren. Da Belyaev davon ausging, dass die künstliche Selektion durch den Menschen bei so vielen unterschiedlichen Haustierarten nicht an Merkmalen wie Hängeohren ansetzte, hatte er zunächst keine Erklärung für dieses Phänomen. Er vermutete allerdings, dass die Ausprägung von Hängeohren eine Folgeerscheinung aus der künstlichen Selektion eines anderen Merkmals, nämlich dem der Zahmheit, ist. Seine Vermutung war: Die menschlich gesteuerte künstliche Selektion auf vergleichsweise zahme Tiere, die dann untereinander Nachkommen bekommen, führt über einen längeren Zeitraum auch zur Ausprägung anderer Merkmale, wie z. B. Hängeohren.

2: Hausschwein mit Hängeohren

3: Wilder Silberfuchs

4: Auf Zahmheit gezüchteter junger Silberfuchs

Vorhersagen überprüfen

Da der Prozess der Domestikation in der Vergangenheit liegt, konnte Belyaev seine Hypothese nicht direkt am biologischen Original überprüfen. Er musste den Prozess der Domestikation also in gewisser Weise wiederholen – er musste ihn also modellieren. Da er die Hypothese überprüfen wollte, dass die künstliche Selektion auf Zahmheit zur Ausprägung von morphologischen Merkmalen wie Hängeohren führt, entwickelte er ein Experiment mit Silberfüchsen. Ausgehend von einer Wildtierpopulation wurden die zutraulichsten Tiere ausgewählt und zeugten miteinander Nachkommen. Diesen Prozess führte er über viele Silberfuchsgenerationen hinweg fort. Seine Vorhersage, d. h. Prognose, war, dass die untereinander gekreuzten zahmen Tiere Hängeohren entwickeln werden, untereinander gekreuzte aggressive Tiere jedoch nicht. Nach 15 Generationen wurde der erste zahme Fuchs mit Hängeohren geboren. Mit den Befunden aus diesem Experiment wurde also Belyaevs Prognose bestätigt und damit seine Hypothese gestützt. Denn es konnte gezeigt werden, dass sich bei der Zucht bestimmte morphologische Veränderungen einstellen, obwohl die Selektion nicht an körperlichen Merkmalen, sondern am Verhalten der Tiere ansetzt.

Allgemein kann man folgern: Wissenschaftler und Wissenschaftlerinnen erhalten neues Wissen über biologische Originale, indem sie bei naturwissenschaftlichen Untersuchungen sehr häufig Modelle nutzen: Sie leiten ihre Vorhersagen zu einem bestimmten biologischen Original aus ihren Denkmodellen ab. Ihre Denkmodelle bestehen aus unterschiedlichen Aspekten wissenschaftlicher Theorien. Man kann sagen, dass Wissenschaftler und Wissenschaftlerinnen in ihren Untersuchungen das biologische Original anhand ihrer Denkmodelle wissenschaftlich modellieren.

AUFGABEN

1 Beschreibe, inwiefern die Versuche von Belyaev eine Modellierung darstellen. Nutze dabei die Begriffe biologisches Original, Denkmodell und Modellobjekt.

2 Beschreibe, welche neuen Erkenntnisse mithilfe der Versuche von Belyaev gewonnen werden konnten.

Lösungen als Download 

Mit Modellierungen werden Hypothesen überprüft.

1: Staren-schwärme

2: Heuschrecken-schwarm

Viele Tiere, wie Vögel (z. B. Stare), Fische (z. B. Heringe) oder Insekten (z. B. Wanderheuschrecken), treten in großen Gruppen auf, sogenannten Schwärmen. Wenn man einen Schwarm betrachtet, fallen erstaunliche Formationen und schnelle gemeinsame Bewegungen auf. Vielleicht hast auch du dir einmal die Frage gestellt, wie es zu solchen Phänomenen kommen kann. Wie hängt das Verhalten eines Individuums mit dem Schwarmverhalten zusammen? Wie wird sichergestellt, dass es nicht zu „völligem Chaos“ kommt? Diesen Fragen gehen Wissenschaftler und Wissenschaftlerinnen im Bereich der Verhaltensforschung nach. Dabei ist es für sie nahezu unmöglich, aus der Beobachtung eines Tierschwarms abzuleiten, welche Verhaltensmuster der einzelnen Individuen ausschlaggebend für das Verhalten der ganzen Gruppe sind. Deshalb modellieren sie dieses biologische Original mit (digitalen) Simulationen, die auf mathematischen Modellen beruhen. Dabei ist ihr Denkmodell vor allem durch die Annahme geprägt, dass jedes Individuum eines Schwarms sich nach ähnlichen Regeln verhält. Aus diesem Denkmodell leiten sie Hypothesen über konkrete Verhaltensregeln der Individuen ab und überprüfen diese mithilfe der Simulationen. Diese Simulationen sind dann Modellobjekte, an denen Hypothesen über das biologische Original, in diesem Fall das Schwarmverhalten, überprüft werden.

3: Fischschwarm

Hypothesen an Modellen überprüfen

Eine der zentralen theoretischen Annahmen aus der Verhaltensforschung ist, dass für jedes Individuum im Schwarm relativ wenige Verhaltensmuster genügen, die zu dem typischen Verhalten des ganzen Schwarms führen. Entsprechend geht eine ihrer Hypothesen von drei Verhaltensregeln für ein Individuum aus:

- Bewege dich in Richtung des Mittelpunkts der Individuen, die du in deinem Umfeld siehst.
- Bewege dich weg, sobald dir jemand zu nahekommt.

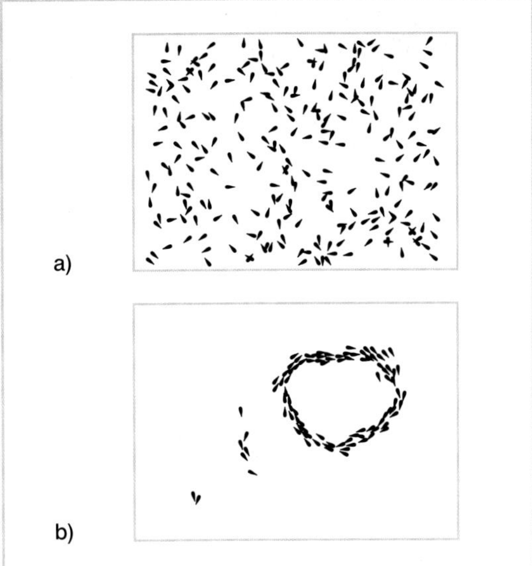

4: Computersimulation des Schwarmverhaltens;
a) zu Beginn der Simulation,
b) während der Simulation

- Bewege dich in etwa in dieselbe Richtung wie deine Nachbarn.

Auf dieser Grundlage wurden Computersimulationen entwickelt, in denen sich jedes Individuum nach den angenommenen drei Regeln richtet. Bei der Durchführung der Simulationen ergeben sich tatsächlich typische Muster des Gruppenverhaltens, die auch in der Natur zu beobachten sind (Abb. 4: Standbilder der Simulation). Dieses Beispiel zeigt, wie Modellierungen unter anderem in der Wissenschaft genutzt werden: Das biologische Original ist das Schwarmverhalten in der Natur. Das Denkmodell besteht in den Regeln, nach denen sich die Individuen vermutlich verhalten. Die Computersimulation ist das Modellobjekt für das biologische Original des Schwarmverhaltens. Mit dem Modellobjekt wird die aus dem Denkmodell abgeleitete Hypothese überprüft, dass sich typisches Schwarmverhalten beschreiben lässt, wenn sich jedes Individuum im Schwarm nach den drei oben genannten Regeln verhält.

Die Modellierung umfasst sowohl den Prozess der Entwicklung eines Denkmodells als auch den Prozess der Entwicklung einer Simulation, die aus diesem Denkmodell abgeleitet ist (Modellobjekt). Ebenfalls umfasst sie das Ableiten der Hypothese sowie deren Überprüfung mithilfe des Modellobjekts.

AUFGABEN

Ida und Paul stehen vor einem Brombeerstrauch und beobachten, dass sich die vielen Sprossachsen der Pflanze in viele Richtungen winden. Paul sagt, dass man eine der Sprossachsen abschneiden und in eine Vase stellen kann und die Pflanze dort weiterleben wird. Nachdem sie eine Achse vom Brombeerstrauch abgeschnitten haben, ist sich Ida unsicher, wie sie die Sprossachse in die Vase stellen müssen, damit sie überlebt. Paul meint, dass das egal ist. Ida zweifelt daran und meint, dass man einen Baum ja auch nicht falsch herum in die Erde stecken kann.

1 Triff dich mit etwa 10 Personen aus deinem Freundeskreis und simuliere mit ihnen ein Schwarmverhalten. Lade dir möglichst zuvor eine Stop-Motion-App (z. B. „Stop Motion Studio"; kostenlos erhältlich für alle Betriebssysteme) auf dein Smartphone herunter.

Vorbereitung:
- Erkläre den beteiligten Personen zunächst die drei Verhaltensregeln, nach denen sich jeder von ihnen bewegen soll.
- Beschreibe ihnen den Ablauf der Simulation: Auf dein Signal machen alle genau einen Schritt. Die Richtung, in die der Schritt gemacht wird, entscheidet jeder bzw. jede für sich allein.

Durchführung der Simulation:
- Bitte die Personen, sich in einer Gruppe aufzustellen, und mache von dieser Aufstellung ein Foto mit der Stop-Motion-App.
- Notiere für dich eine Vermutung, wie die Gruppe als Ganzes nach 20 Schrittsignalen angeordnet ist.
- Gib nun das erste Signal und achte darauf, dass jeder genau einen Schritt macht. Mache anschließend ein Foto von der neuen Aufstellung der Gruppe.
- Gib weitere 19 Schrittsignale und mache nach jedem Durchlauf ein Foto von der neuen Aufstellung der Gruppe.

Analyse der Simulation:
- Schaut euch gemeinsam die Simulation als Stop-Motion-Film an und beschreibt die Bewegung eures Schwarms.
- Zeige den beteiligten Personen nun deine Vermutung zur Bewegung der Gruppe, die du am Anfang aufgestellt hast. Diskutiert gemeinsam, inwiefern deine Vermutung gestärkt wurde.

Analyse der Modellierung:
- Diskutiert in der Gruppe darüber, inwiefern eure Simulation eine Modellierung mit biologischem Original, Denkmodell und Modellobjekt ist.

Lösungen als Download 

Modellobjekte werden durch Untersuchungen überprüft und verändert.

Eine wichtige Art der wissenschaftlichen Untersuchung ist das Vergleichen und Ordnen von biologischen Originalen wie beispielsweise von heute lebenden Organismen. Das Ordnen geschieht nach Kriterien. Wissenschaftler und Wissenschaftlerinnen leiten diese Kriterien ausgehend von einem biologischen Original von theoretischen Überlegungen, also aus ihrem Denkmodell ab. Das durch die Anwendung der Kriterien erstellte Klassifikationssystem ist ein Modellobjekt für die Beziehungen zwischen den klassifizierten biologischen Originalen. Es kann allerdings durchaus vorkommen, dass sich durch neue theoretische Überlegungen das Denkmodell der Wissenschaftler und Wissenschaftlerinnen ändert. Dadurch ergeben sich unter Umständen andere Kriterien zur Klassifikation. In einem solchen Fall wird das Modellobjekt (das Klassifikationssystem) überprüft und verändert.

Verwandtschaft modellieren

Ein Beispiel für die Klassifikation biologischer Originale ist das Fachgebiet der *Systematik*. In der biologischen Systematik werden Lebewesen hinsichtlich ihrer *stammesgeschichtlichen Verwandtschaft* klassifiziert. Dabei teilen Wissenschaftler und Wissenschaftlerinnen Organismen in Gruppen ein und erstellen auf diese Weise ein System, das die Verwandtschaft der einzelnen Gruppen und damit auch ihrer Vertreter modelliert. Sie klassifizieren Organismen und Organismengruppen nach dem Kriterium der verwandtschaftlichen Nähe. Das erstellte Klassifikationssystem kann als ein Modellobjekt für die Verwandtschaftsverhältnisse der Organismen, der biologischen Originale, verstanden werden.

Den zurückliegenden entwicklungsgeschichtlichen Prozess, der zu den Verwandtschaftsverhältnissen geführt hat, kann man allerdings nicht nachprüfen, weil das biologische Original nicht mehr zugänglich ist. Aus diesem Grund werden in der Systematik Kriterien festgelegt, die aus wissenschaftlicher Sicht eine Grundlage für die Beschreibung der angenommenen verwandtschaftlichen Nähe sind. Diese Kriterien bilden damit das Denkmodell der Wissenschaftler und Wissenschaftlerinnen für die Verwandtschaftsverhältnisse, d. h. für biologische Originale. Die Kriterien werden in dem Modellobjekt, dem Klassifikationssystem, dargestellt. Als biologisch relevante Kriterien für die verwandtschaftliche Nähe werden traditionell morphologische Merkmale betrachtet. Bei Blütenpflanzen sind das vor allem die Form und der Aufbau der Blüte. Die drei Gruppen der Linden, Sommerlinden, Zimmerlinden und Sternbüsche (Abb. 1), wurden aufgrund ihrer morphologischen Ähnlichkeiten, d. h. in einem Denkmodell, als nahe verwandt angenom-

a)

b)

c)

1: Lindengewächse: a) Sommerlinde, b) Zimmerlinde, c) Sternbusch

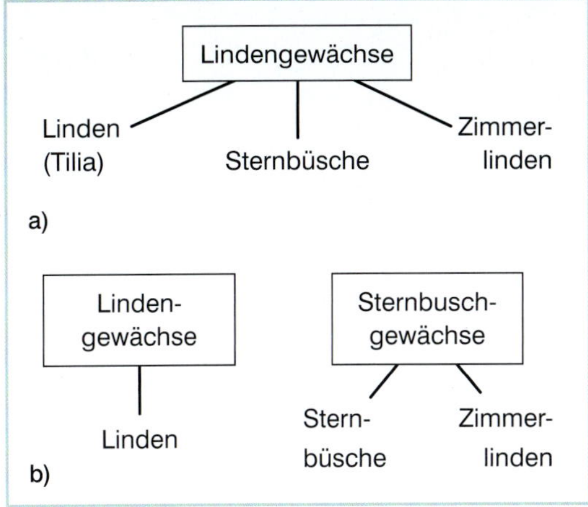

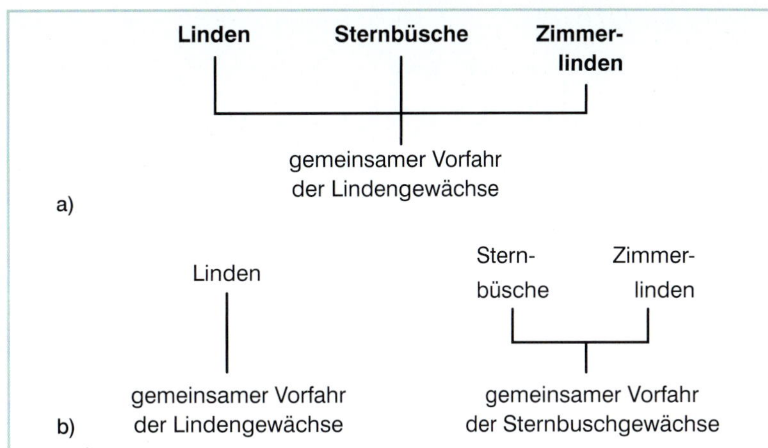

2: Links: Klassifikationssysteme anhand a) morphologischer Merkmale und b) molekulargenetischer Merkmale; rechts: Annahmen zur Stammesgeschichte

men. Daher wurden sie in die Familie der Lindengewächse eingeordnet (Abb. 2 a).

Verwandtschaftsmodelle überprüfen

Durch das Aufkommen molekulargenetischer Methoden haben Systematiker und Systematikerinnen neue Möglichkeiten zur Modellierung von Verwandtschaftsverhältnissen bekommen. Man kann sagen, dass sie ein neues Kriterium der verwandtschaftlichen Nähe nutzen, indem sie DNA-Sequenzen von Organismen miteinander vergleichen. Wenn sie das tun, erweitern sie ihr Denkmodell und überprüfen ihr bisheriges Modellobjekt. Dabei kann es passieren, dass durch die neue Analyse das Modellobjekt, also das Klassifikationssystem, zumindest in Teilen geändert wird.

Das ist auch in dem obigen Beispiel der Fall: Molekulargenetische Daten deuten darauf hin, dass die ursprünglichen Vertreter der Lindengewächse teilweise verwandtschaftlich so weit voneinander entfernt sind, dass sie keiner gemeinsamen Gruppe zugeordnet werden können. Deshalb wurde das Klassifikationssystem geändert. In diesem werden nun unter anderem die Zimmerlinden und Sternbüsche einer gemeinsamen Gruppe zugeordnet und von den Linden getrennt (Abb. 2 b).

Die biologische Systematik ist also ein Beispiel dafür, dass Modellobjekte in der Wissenschaft getestet und beispielsweise auf Grundlage neuer Methoden oder Erkenntnisse geändert werden. Dieses Beispiel zeigt auch, dass es verschiedene Klassifikationssysteme gibt, die nach verschiedenen Denkmodellen gebildet werden: nämlich nach morphologischen oder nach molekulargenetischen Kriterien.

AUFGABEN

Paul und Ida möchten wissen, ob eine abgeschnittene Sprossachse eines Brombeerstrauchs in einer Vase weiterleben kann. Ida ist unsicher, wie sie dazu die Sprossachse in die Vase stellen müssen. Paul meint, es sei egal. Ida entgegnet, dass man einen Baum ja auch nicht falsch herum in die Erde stecken kann.

1 Beschreibe, welches biologische Original Ida und Paul betrachten.

2 Erläutere, inwiefern sich ihre Denkmodelle zu diesem biologischen Original hinsichtlich der Fließrichtung des Wassers in der Sprossachse unterscheiden.

3 Skizziere schematisch zu jedem der beiden Denkmodelle ein entsprechendes Modellobjekt.

4 Beschreibe, inwiefern das Einstecken der einen Sprossachse in eine Vase eine gute Modellierung zur Überprüfung ihrer beiden Denkmodelle ist.

5 Stell dir vor: Die Sprossachse in der Vase ist nach einer Woche
a) vertrocknet,
b) lebt weiter und treibt neue Blätter. Beschreibe, wie Paul und/oder Ida ihr Denkmodell ändern müssten.

Lösungen als Download

Wissenschaftliches Modellieren ist ein kreativer Vorgang.

1: Honigbiene

Ob bewusst oder unbewusst, wir zählen und rechnen ständig. Aber können diese mathematischen Leistungen auch von Tieren, vor allem von den vermeintlich so unscheinbaren Insekten wie der Honigbiene (Abb. 1), vollbracht werden?

Modellieren von Rechenaufgaben für Honigbienen

Die Beantwortung dieser Frage ist ein Beispiel dafür, dass Modellierungen in der Wissenschaft oftmals kreative Ansätze erfordern. Es ist vielleicht nicht sofort klar, dass es sich hierbei um eine Modellierung handelt.
Wir können Tieren keine Rechenaufgaben vorlegen. Dennoch lässt sich Rechenfähigkeit bei Tieren anwendbar machen und folglich beobachten, man nennt das operationalisieren. Aus bestimmten Verhaltensweisen der Tiere ist dann der Rückschluss möglich, dass sie „rechnen". Die Verhaltensweisen sind das biologische Original: Honigbienen können sowohl bestimmte Farben als auch unterschiedliche geometrische Formen, wie Kreise und Dreiecke, wahrnehmen. Auch können sie die Anzahl der Formen unterscheiden. Auf dieser Grundlage wurde eine Untersuchung entwickelt: Dazu wurde die Rechenfähigkeit für Honigbienen derart modelliert, dass Zahlen durch die Anzahl von geometrischen Formen und die auszuführenden Rechenoperationen durch die Farben dargestellt werden (Abb. 2).

Design von Versuchen

Zusätzlich zu dieser *Operationalisierung* der Rechenfähigkeit muss eine bestimmte Umgebung geschaffen werden. Dann zeigen die Tiere bestimmte Verhaltensweisen, sodass sicher rückgeschlossen werden kann, dass sie gerechnet haben. Bei Bienen beispielsweise sind solche Umgebungen meist Labyrinthe, in denen sich die Tiere zwischen unterschiedlichen Wegen entscheiden müssen. Wählt die Biene wiederholt den richtigen Weg, so kann man daraus schließen, dass sie richtig gerechnet hat.
Zunächst braucht man allerdings einen Anreiz für die Tiere, das gewünschte Verhalten zu zeigen. Das ist in der Verhaltensforschung oftmals eine Belohnung. Bienen bekommen beispielsweise einen Tropfen Zuckerwasser, wenn sie eine Aufgabe richtig gelöst haben.
In solchen Versuchen haben Wissenschaftler und Wissenschaftlerinnen Bienen das Rechnen beibringen können. Dazu wurde ein Labyrinth entwickelt, das aus drei Räumen besteht (Abb. 2). Die Biene fliegt in den ersten Raum und sieht dort eine Anzahl von gelben oder blauen Formen, z. B. zwei blaue Quadrate. Aus diesem Raum führen zwei weitere Öffnungen in zwei andere Räume, wobei über jeder der Öffnungen Formen der gleichen Farbe zu sehen sind. So sind beispielsweise über der rechten Öffnung ein blaues Quadrat und über der linken Öffnung drei blaue Quadrate angebracht. Die Rechenoperationen sind in diesem Versuch Addition und Subtraktion. Sie sind durch die Farben kodiert: Sind die Formen blau, muss „plus 1" gerechnet werden, sind sie gelb, muss „minus 1" gerechnet werden. Im Beispiel

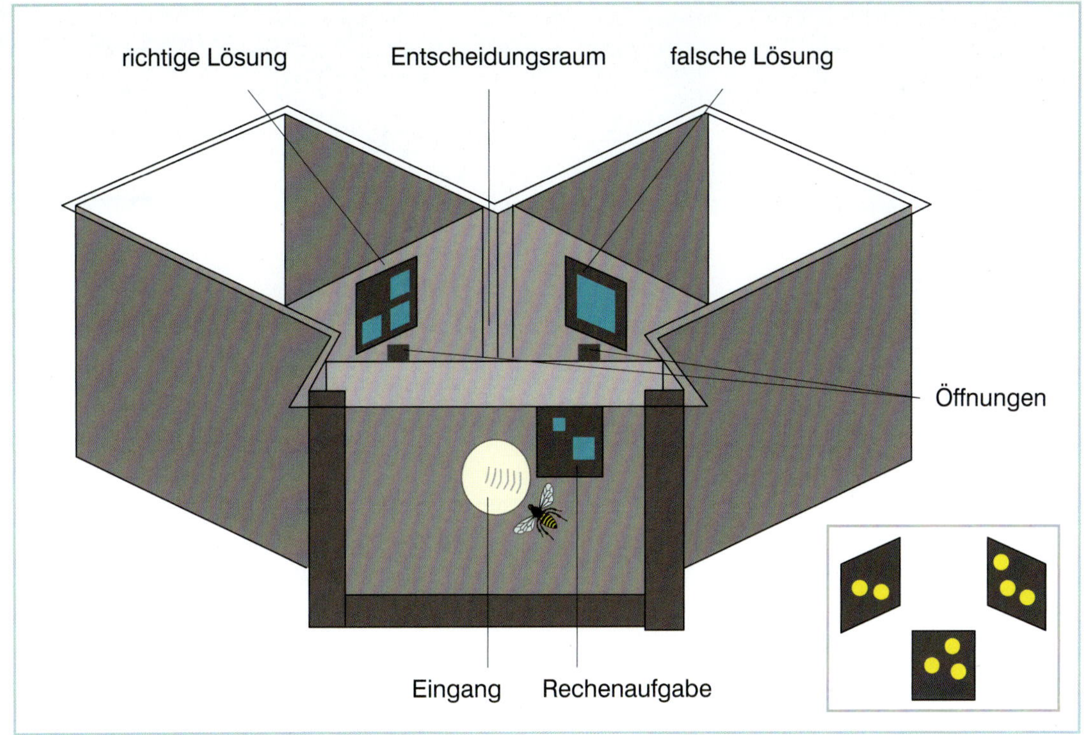

2: Versuchsaufbau bei zwei Aufgaben. Die beiden Aufgaben werden codiert durch Farben und Anzahl der Formen: „Blau“ bedeutet Addition einer Form (2 + 1), „Gelb“ (kleines Bild) bedeutet Subtraktion einer Form (3 – 1). In den Versuchen wurden die Seiten der richtigen und der falschen Lösungen statistisch zufällig vertauscht.

hat die Biene die Aufgabe richtig gelöst, wenn sie durch die Öffnung fliegt, über der drei blaue Quadrate zu sehen sind. In diesem Fall erhält sie dann eine Belohnung in Form des Tropfen Zuckerwassers.

In diesem Versuch wurden die Formen (Kreise, Quadrate …) und auch die Position der richtigen Lösung (linke oder rechte Öffnung) variiert.

Ergebnis

Erstaunlicherweise lernten die getesteten Bienen die Rechenaufgaben sehr schnell: Bereits nach 100 Übungen entschieden sie sich mit durchschnittlich 80%iger Sicherheit für die richtige Öffnung.

Die Wissenschaftler und Wissenschaftlerinnen haben die Rechenfähigkeit der Bienen modelliert. Das biologische Original ist also die Fähigkeit der Bienen, mit Mengen von bestimmten Objekten, wie z. B. Blüten, rechnerisch zu operieren. In diesem Beispiel wird deutlich, dass oftmals kreative Ansätze nötig sind, um biologische Phänomene zu modellieren. In diesem Fall musste der Rechenprozess in die „Sprache der Bienen“ übersetzt werden. Bienen kennen nicht die Bedeutung unserer Zahl- und Rechensymbole. Sie kennen nicht, dass „2“ für zwei Objekte und „–“ für Subtraktion steht. Das Kreative an der Modellierung ist die Operationalisierung: Den Bienen wurden die Zahlen als Anzahl von Objekten präsentiert, z. B. als drei gelbe Kreise, und die Rechenoperationen wurden durch Farben kodiert.

AUFGABEN

1 Erkläre einer Freundin oder einem Freund, warum es sich bei dem beschriebenen Versuch zur Rechenfähigkeit von Bienen um eine Modellierung handelt. Verwende dabei die Begriffe Denkmodell, Operationalisierung und Modellobjekt.

2 Beschreibe drei Eigenschaften von biologischen Originalen, die dazu führen, dass wissenschaftliche Modellierungen sehr kreativ sein können (z. B. mit Blick auf die zugehörige Operationalisierung).

3 Auf S. 31 stehen einige Fragen. Beantworte die Fragen und begründe deine Antworten so, dass eine Schülerin oder ein Schüler der 8. Klasse sie verstehen kann. Die Seiten dieses Kapitels helfen dir dabei.

Lösungen als Download 

Alles klar?

Mit den Aufgaben auf dieser Seite kannst du kontrollieren, ob du Zusammenhänge zwischen Originalen, Theorien und Modellierungen erfasst. Die Aufgaben beziehen sich jeweils auf mehrere Kapitel des Buches.

1. Beschreibe mit deinen Worten, was ein Modell ist.

2. Dein Freund sagt, dass Modelle „ja nur Kopien von Originalen sind“. Beurteile die Aussage und formuliere eine Antwort für ihn.

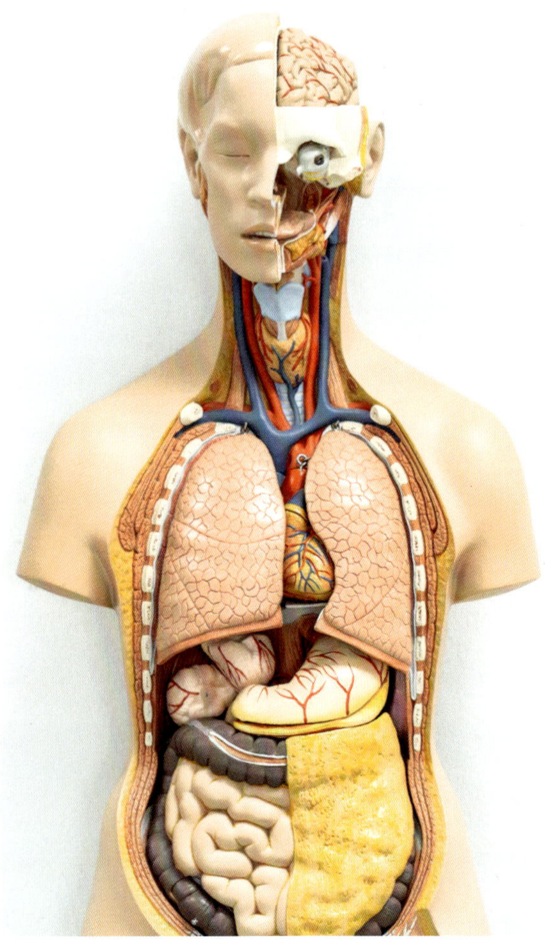

3. Fertige eine Skizze eurer Wohnung oder eures Hauses an. Überlege dir dabei, auf welche Aspekte du dich konzentrieren könntest. Eventuell entstehen dadurch verschiedene Modellobjekte. Bitte nun deine Eltern und/ oder Geschwister, ebenfalls eine Skizze von eurer Wohnung oder eurem Haus zu erstellen. Beschreibe, worin die Abbildungen sich unterscheiden. Nenne Gründe, warum die Modellobjekte sich unterscheiden.

4. Schau dir das Modellobjekt eines menschlichen Torsos auf dem Foto an. Fertige eine Tabelle an, in der du Gemeinsamkeiten und Unterschiede zwischen dem Torso und einem lebenden Menschen auflistest. Du kannst dabei auch dich selbst betrachten und überlegen, worin sich der abgebildete Torso von deinem Körper unterscheidet und in welchen Punkten er deinem Körper gleicht.

5. Du hast eine Einladung, für die Schülerzeitung einen Beitrag zum biologischen Modellieren zu schreiben. Erläutere drei Punkte, die dir dabei besonders wichtig sind.

6. Ein Mitschüler meint: „Modelle in der Biologie sind langweilig, sie sind immer gleich, man sieht nur, was im Biologiebuch sowieso schon steht.“ Beurteile die Aussage. Berücksichtige dabei mögliche Anwendungen von Modellen, z. B. um etwas mithilfe von Modellen zu beschreiben oder mit ihnen zu forschen.

Lösungen als Download

7 Erläutere den Unterschied zwischen einem Original und einem Modell anhand eines biologischen Beispiels.

8 Beschreibe, unter welchen Umständen ein Original ebenfalls ein Modell sein kann.

9 Erläutere Besonderheiten eines Modellorganismus im Vergleich zu anderen Forschungsmodellen.

10 Diskutiere mit einem Freund über die Aussage: „Modelle sind nur in der Schule interessant. In der Wissenschaft braucht man sie nicht, da wird experimentiert."

11 Beschreibe, inwiefern man durch eine Modellierung etwas Neues über ein biologisches Original lernen kann. Nutze dazu die Begriffe Theorie, Denkmodell und Modellobjekt.

12 Beschreibe Gemeinsamkeiten und Unterschiede der Erfahrungs- und Modellwelt. Erläutere in diesem Zusammenhang, aus welchen Gründen bestimmte Objekte sowohl der Erfahrungs- als auch der Modellwelt zugeordnet werden.

13 Nenne und begründe drei Aspekte von Modellen und Modellierungen, die für dich durch die Arbeit mit diesem Buch am interessantesten sind.

Glossar

Glossar als Download

Die mit Seitenverweisen versehenen Begriffe sind im Text blau markiert. Die hier erläuterten Begriffe stehen im Text kursiv.

A

Analogie → S. 25

B

Basen heißen die organischen Bausteine der Nukleinsäuren, die zusammen mit einem Zuckerrest und einem Phosphatrest ein Nukleotid bilden. Basenpaare bilden in doppelsträngigen Nukleinsäuren über Wasserstoffbrücken die Bindung zum anderen Nukleinsäurestrang (z. B. in der DNA-Doppelhelix).

biologisches Original → S. 4, 8

Biosphäre bezeichnet die Gesamtheit der Ökosysteme der Erde.

Blütendiagramm bezeichnet in der Botanik den schematischen Grundriss einer Blüte. Blütenbestandteile werden in Form von Symbolen dargestellt und in Kreisen oder Spiralen angeordnet.

Computersimulation → S. 17, 41

Denkmodell → S. 5

DNA → S. 34

DNA-Replikation → S. 35

Domestikation bezeichnet die über einen langen Zeitraum erfolgende Zucht von Haustieren aus ursprünglichen Wildtieren (lat.: domesticare = zähmen). Ein bekanntes Beispiel ist die Domestikation des Wolfs, aus der zahlreiche Hunderassen entstanden sind.

dominant bezieht sich auf das Auftreten von Merkmalen in den mendelschen Erbgängen. Dominant ist ein Merkmal, das in der 1. Tochtergeneration allein auftritt.

empirisch bedeutet, dass etwas auf Daten beruht. Eine Untersuchung ist empirisch, wenn in ihr Daten (z. B. Messwerte oder Beobachtungen) erhoben werden.

Enzyme sind Stoffe (Proteine), die bestimmte chemische Reaktionen beschleunigen.

Erbgänge beschreiben das Auftreten bestimmter Merkmale über mehrere Generationen hinweg.

Erfahrungswelt → S. 5

Experiment → S. 39

Funktion bezeichnet die Aufgabe, die eine → Struktur hat.

Hypothese bezeichnet eine Annahme, die mit wissenschaftlichen Untersuchungen zu überprüfen ist. Die dabei gewonnenen Daten werden in Beziehung zur Hypothese gesetzt und es wird überprüft, ob die Hypothese und die beobachteten Daten übereinstimmen. Besteht Übereinstimmung, gilt die Hypothese als nicht widerlegt.

Klassifikation → S. 40

Koevolution bezeichnet im Rahmen der Evolutionstheorie die gemeinsame und sich gegenseitig beeinflussende Entwicklung zweier Arten, die stark miteinander in Beziehung stehen. Mit ihr kann die z. B. die Entwicklung der Blüten bestimmter Pflanzen und den Tieren, die diese bestäuben, beschrieben werden.

Kombinatorik ist eine Disziplin der Mathematik, die sich mit den Möglichkeiten der Verknüpfung einer bestimmten Anzahl von Objekten beschäftigt.

Kreuzung bezeichnet eine Paarung zwischen genetisch unterschiedlichen und verschiedengeschlechtlichen Individuen.

künstliche Selektion beschreibt die durch den Menschen gesteuerte Auswahl von Individuen bei der Zucht.

mathematisches Denkmodell → S. 36

Metapher beschreibt einen sprachlichen Ausdruck, bei dem ein Begriff aus seinem eigentlichen Bedeutungszusammenhang in einen anderen übertragen wird.

mischerbig → S. 37

Modellierung → S. 20, 33

Modellobjekt → S. 5

Modellorganismus → S. 26

Modellwelt → S. 5

morphologische Merkmale sind Merkmale von Organismen, die äußerlich sichtbar sind. Solche morphologischen Merkmale können z. B. die Fellfarbe, die Form des Schwanzes oder die Anzahl der Beine sein.

Ökosystem bezeichnet das System aus Lebensgemeinschaft und Lebensraum.

ordnen → S. 40

Organismus bezeichnet das Biosystem des einzelnen Lebewesens.

Operationalisierung beschreibt, wie ein theoretisches Konstrukt beobachtbar bzw. messbar gemacht werden kann.

Präparat bezeichnet ein Objekt, das durch entsprechende Verfahren zu Anschauungs-, Lehr-, Demonstrations- oder Forschungszwecken aufbereitet worden ist. Der Vorgang einer Präparat-Herstellung wird als Präparation bezeichnet.

Prognose → S. 39

rezessiv bezieht sich auf das Auftreten von Merkmalen in mendelschen Erbgängen. Rezessiv ist ein Merkmal, das in der 1. Tochtergeneration nicht auftritt.

reinerbig → S. 36

Sezieren bezeichnet die Methode, Lebewesen aufzuschneiden oder in Teile zu zerlegen.

Sorten nennt man Formen bei Pflanzen, die sich in bestimmten Merkmalsausprägungen genetisch unterscheiden. Mendel verwendete solche Sorten für seine Experimente, wobei er vorher prüfte, ob die Merkmale über mehrere Generationen unverändert (konstant) ausgeprägt wurden.

Stoffwechsel bezeichnet nicht nur die Aufnahme und Abgabe von Stoffen durch den Organismus, sondern jeden Aufbau, Abbau oder Umbau von Stoffen im Körper.

stammesgeschichtliche Verwandtschaft beschreibt die verwandtschaftlichen Beziehungen aller heute lebenden Organismen und ihrer Vorfahren aus Sicht der Evolution.

Struktur beschreibt die Anordnung der Teile eines Systems zueinander.

System ist eine Menge aus miteinander in Beziehung stehenden Elementen, die sich von anderen Systemen abgrenzen lässt.

Systematik ist ein Fachgebiet der Biologie. Es beschäftigt sich damit, Organismen zu beschreiben und zu benennen und sie in das System der Lebewesen einzuordnen.

Theorie → S. 5
Tiermodell → S. 28
Tierversuch → S. 28

Vergleichen und Ordnen hilft dabei, Vielfalt zu strukturieren und so Übersichtlichkeit zu erhalten. Dabei werden mindestens zwei Objekte oder Prozesse einander gegenübergestellt und nach einem oder mehreren Vergleichskriterien bewertet. Solche Kriterien werden aus Theorien abgeleitet.

wissenschaftliche Untersuchungen sind zielgerichtete Untersuchungen zur Gewinnung einer Erkenntnis über einen Sachverhalt. Dabei kommen spezielle Arbeitsweisen zum Einsatz. In der Biologie zählen dazu z. B. Vergleichen und Ordnen, Beobachten, → Experimente durchführen und Modelle nutzen.

Zelltheorie. Die Zelltheorie besagt, dass alle Pflanzen, Pilze und Tiere sowie deren Organe immer aus Zellen zusammengesetzt sind und neue Zellen nur durch Zellteilung entstehen. Das bedeutet, dass Wachstum ein Prozess ist, bei dem aus Zellen immer mehr Zellen gebildet werden, die ihrereseits wachsen, d. h. größer werden. Auch neue Lebewesen entstehen aus lebenden Zellen durch Zellteilung.

Zweck → S. 5

Wie du mit diesem Buch arbeiten kannst.

Die Bücher der Reihe *Neue Wege in die Biologie* sollen dazu dienen, besonders schwierige Themen des Biologieunterrichts sinnvoll zu lernen. Im Biologieschulbuch und im Unterricht werden häufig mehr Details und umfangreichere Inhalte mitgeteilt, als du hier findest. Stattdessen legen wir Wert auf Prinzipien und prägnante Zusammenhänge. Wenn du Strukturen und Prozesse verstehst, wirst du auch Einzelheiten besser einordnen und leichter lernen können als zuvor.
Wir möchten, dass du die Inhalte nicht für den nächsten Test auswendig lernst, sondern sie verstehst.

Für diesen Zweck ist jedes Buch dieser Reihe wie folgt aufgebaut:

- **Kapiteleinstieg:** Jedes Kapitel beginnt mit einer Doppelseite, auf der links themenrelevante Bilder und rechts wichtige Fragen aufgelistet sind, die vor allem Alltagserfahrungen oder auch nicht geklärte Informationen aus Unterricht und Medien ansprechen. Nach dem Durcharbeiten des Kapitels solltest du diese Fragen einer jüngeren Schülerin oder einem jüngeren Schüler verständlich beantworten können. Erst wenn man etwas einfach erklären kann, hat man es richtig verstanden!
- **Kernaussage:** Über den folgenden Doppelseiten steht ein Satz als Überschrift, der die zentrale Aussage der Doppelseite vermittelt. Du kannst beim Durcharbeiten der Seiten jeweils für dich prüfen, was die einzelnen Absätze zu dieser Kernaussage beitragen.
- **Text:** Die Texte der Seiten sind so gegliedert, dass sie die Übersicht und das Weiterdenken zum Thema erleichtern. Durch Seitenverweise wirst du auf weiterführende Informationen hingewiesen. Die zweite Doppelseite eines jeden Kapitels gibt dir mit den Fragen der Unterüberschriften und den zahlreichen Seitenverweisen eine Einführung in das Kapitelthema.
- **Kästen:** In der Buchreihe *Neue Wege in die Biologie* können einige Begriffe und Fachwörter vielfach von denen in Schulbüchern abweichen. Diese Abweichungen sollen das Lernen erleichtern, indem sie zutreffende fachliche Vorstellungen deutlicher vermitteln, als das sonst der Fall ist.
  Um Abweichungen zu verdeutlichen und einsehbar zu machen, dienen zwei Sorten von Kästen:
  In den Kästen **Wörter** und **Begriffe** werden meistens mehrere Fachwörter für denselben Sachverhalt behandelt und dabei solche Wörter herausgestellt, die den Sachverhalt möglichst zutreffend angeben und damit das Lernen erleichtern. Die anderen aufgeführten Fachwörter werden oft in Schulbüchern verwendet. Hier wird geklärt, wie sie fachlich richtig zu verstehen sind.
  In den Kästen **Ansichten und Einsichten** werden verbreitete (häufig nur halbwegs oder nicht zutreffende) Ansichten zu einem Sachverhalt aufgegriffen und gezeigt, was fachlich damit gemeint ist. Zuweilen wird eine ältere Ansicht neuen Einsichten gegenübergestellt.
- **Aufgaben:** Die Aufgaben auf den Seiten sind so gestellt, dass du mit ihnen dein Verständnis über den Inhalt der Seiten überprüfen kannst. Am Ende des Buches findest du mit der Überschrift „Alles klar?" Aufgaben, die die Kapitel übergreifen. Mit diesen kannst du überprüfen, ob du Zusammenhänge zutreffend erfasst.
  Mit dem Zahlen-Code kannst du die vorgeschlagenen Lösungen abrufen.
- **Glossar:** Das Glossar am Schluss des Buches hilft, Definitionen und Umschreibungen von Begriffen im Buch wiederzufinden. Es ersetzt so ein Stichwortverzeichnis. Einige Begriffe, deren Definitionen im Kapiteltext zu weit vom Gedankengang wegführen würden, sind im Glossar definiert oder umschrieben. Das Glossar wird durch Folgebände der Reihe fortlaufend erweitert und digital mit dem Zahlen-Code bereitgestellt.

Nicht zuletzt möchten wir, dass durch *Neue Wege in die Biologie* das Lernen der Biologie Freude bereitet: Wenn du nach dem Überwinden mancher Schwierigkeit zu erhellenden Einsichten kommst, wirst du dies erfahren! Zuweilen wirst du deine Lehrerin oder deinen Lehrer mit den gewonnenen Einsichten sogar überraschen können.

Bildnachweise

Grafiken:
S. 4, 9 (Systeme, Lupe), 16, 18, 19, 32, 39: © Alexander Maier
S. 9 (Stoffströme), 12, 17, 20–22, 24–26, 28, 32, 34, 37, 40, 43, 45: Friedrich-Verlag

Bilder:
Titelseite: © benschonewille/stock.adobe.com (Blüte), © Natallia/stock.adobe.com (Ast),
© Vaclav Volrab/123rf.com (Landschaft)
S. 2: © bht2000/stock.adobe.com (Ernährungspyramide), © iStock.com/Alexander Chernyakov (Modellauto),
© Vasily Merkushev/stock.adobe.com (Wasserkreislauf), © AHMAD FAIZAL YAHYA/stock.adobe.com (Herz),
© iStock.com/enot-poloskun (Pflanzenzelle)
S. 5: © iStock.com/esolla
S. 6: © black_kira/stock.adobe.com (Torso), © kaninstudio/stock.adobe.com (Modellauto),
© iStock.com/Kritchanut (Haus), © Fiedels/stock.adobe.com (Liniennetz)
S. 7: © Bertold Werkmann/stock.adobe.com
S. 8: © iStock.com/BrianAJackson
S. 10: © Rawpixel.com/stock.adobe.com (Beobachtung mit dem Fernglas), © Wire_man/stock.adobe.com
(Beobachtung mit dem Mikroskop), © mm_201/stock.adobe.com (Bestimmungsbuch)
S. 11: © Dorling Kindersley ltd/Alamy Stock Foto (sezierte Maus), © AVTG/stock.adobe.com (Beobachtung im Wald)
S. 12: © Teeradej/stock.adobe.com
S. 13: © iStock.com/Urwikiow Aufrere Nathalie
S. 14: © vectorfusionart/stock.adobe.com (Mädchen mit Tafel), © JGI/Jamie Grill/Blend Images /stock.adobe.com
(Modell bauen), © Kateryna_Kon/stock.adobe.com (Zelle), © iStock.com/SDI Productions (Mädchen mit Gehirn-Modell),
© zilvergolf/stock.adobe.com (Dinosaurierspuren)
S. 17: © Ulrich Kattmann (Forelle), © iStock.com/wrangel (Karpfen)
S. 18: © dk-fotowelt/stock.adobe.com
S. 19: © Nicole Conrads
S. 22: © iStock.com/Pirotehnik (Herz vom Schwein), © iStock.com/Thomas Demarczyk (Herzmodell mit Struktur),
© Sascha Kurz (Herzmodell mit Kammer)
S. 23: © iStock.com/pailoolom (Arm), © Taleseedum/stock.adobe.com (Herzmodell)
S. 24: © ursulamea/stock.adobe.com (Skizze einer Tulpe), © tom/stock.adobe.com (Foto einer Tulpe),
© rockket/stock.adobe.com (Wiesensalbei mit Biene), © iStock.com/knaufb (Schlagbaum)
S. 26: © iStock.com/Nnehring (Blattunterseite mit Spaltöffnungen), © Sascha Kurz (Luftballon-Modell)
S. 27: © Sascha Kurz
S. 30: © Gorodenkoff/stock.adobe.com (wissenschaftlich arbeiten), © shotsstudio/stock.adobe.com (Chemielabor Tafel),
© Chudakov/stock.adobe.com (Forschung im Wald), © iStock.com/Manjurul (Zellkultur-Petrischale)
S. 32: © sinhyu/stock.adobe.com
S. 33: © NDABCREATIVITY/stock.adobe.com
S. 34: © GONVILLE & CAIUS COLLEGE/SCIENCE PHOTO LIBRARY (James Watson und Francis Crick DNA-Modell),
© imago images/UPI Photo (Zeichnung von Francis Crick)
S. 35: © imago images/UPI Photo
S. 36: © Science History Images/Alamy Stock Foto (Gregor Mendel), © iStock.com/Alina555 (Erbsen)
S. 37: © Le Do/stock.adobe.com
S. 38: © Kathi Timmer/stock.adobe.com (junger Hund), © iStock.com/Kostyazar (Beagle),
© Rainer Fuhrmann/stock.adobe.com (Hausschwein)
S. 39: © iStock.com/ChristiLaLiberte
S. 40: © iStock.com/georgeclerk (Starenschwarm), © iStock.com/ChristiLaLiberte (Heuschreckenschwarm),
© iStock.com/armiblue (Fischschwarm)
S. 42: © 3dillustrations/stock.adobe.com (Sommerlinde), © TwilightArtPictures/stock.adobe.com (Zimmerlinde),
© iStock.com/ePhotocorp (Sternbusch)
S. 44: © Ulrich Kattmann